Reihe Philosophie
Band 23

Der Begriff der Natur

Eine Untersuchung zu Hegels Naturbegriff und dessen Rezeption

Marco Bormann

Centaurus Verlag & Media UG 2000

Marco Bormann, M.A., studiert, lehrt und arbeitet im Bereich Philosophie an der Rheinisch Westfälischen Technischen Hochschule Aachen.

Die Deutsche Bibliothek – CIP-Einheitsaufnahme

Bormann, Marco:
Der Begriff der Natur : eine Untersuchung zu Hegels Naturbegriff und dessen Rezeption / Marco Bormann. – Herbolzheim : Centaurus Verl., 2000
  (Reihe Philosophie ; Bd. 23)

   ISBN 978-3-8255-0263-8   ISBN 978-3-86226-331-8 (eBook)
   DOI 10.1007/978-3-86226-331-8

ISSN 0177-2783

Alle Rechte, insbesondere das Recht der Vervielfältigung und Verbreitung sowie der Übersetzung, vorbehalten. Kein Teil des Werkes darf in irgendeiner Form (durch Fotokopie, Mikrofilm oder ein anderes Verfahren) ohne schriftliche Genehmigung des Verlages reproduziert oder unter Verwendung elektronischer Systeme verarbeitet, vervielfältigt oder verbreitet werden.

© *CENTAURUS Verlags-GmbH & Co. KG, Herbolzheim 2000*

Satz: Vorlage des Autors
Umschlaggestaltung: DTP-Studio, A. Walter, Lenzkirch

Inhalt

Einleitung	7
I. Logik als Grundlage des Hegelschen Systems	10
1. Die Logik in Hegels System	11
2. Die Begründbarkeit der Logik	12
3. Die dialektische Rekonstruktion der Logik	23
4. Die 'absolute Idee'	28
II. Der Übergang Der Logik in die Natur	30
1. Der dialektische Übergang der Logik in die Natur	31
2. Der ideelle Charakter der Natur	34
3. Erkenntnisbezogene Scheinprobleme des Übergangsarguments	50
4. Zufall als 'äußerliche Notwendigkeit'	54
III. Naturphilosophie und Naturwissenschaften	61
1. Das Identifikationsproblem	61
2. Theoretisches und praktisches Verhalten zur Natur	66
3. Abstrakte und konkrete Allgemeinbegriffe	70
4. Das Verhältnis von Naturphilosophie und Naturwissenschaft	75
IV. Die Struktur der Natur	89
1. Hegels Anfang der Naturphilosophie	89
2. Die Struktur des Außersichseins	94
3. Hegels Entwicklungstheorie	96
4. Die teleologische Struktur der Naturentwicklung	104
Literatur	109

"As usual, Nature with clockwork regularity had all her taps turned on – larks singing, cherries ripening, and bees humming. It all bored me a little. Why doesn't she vary it a little?"

    B.F. Cummings

Einleitung

Der vorliegende Text beschäftigt sich mit der Naturphilosophie Hegels. Dabei handelt es sich im wesentlichen um eine kritische Auseinandersetzung mit den §§ 245-252, welche die Einleitung zum zweiten Band von Hegels 'Enzyklopädie der philosophischen Wissenschaften' von 1830 bilden. Ich werde im Grunde also lediglich *Hegels Programm* seiner Naturphilosophie, nicht aber dessen Durchführung behandeln.

Für die philosophische Tradition nach Hegel ist die Frage nach der Natur weniger eine Frage der Philosophie als vielmehr die alleinige Domäne der Naturwissenschaften. Die Philosophie hat hier in Form der Wissenschaftstheorie allerhöchstens noch eine Supervisorfunktion; in Spielarten wie z.B. der historiologischen Wissenschaftstheorie à la Kuhn ist sie gar nur Chronist. Insofern muß sich die Beschäftigung mit Naturphilosophie vorab einigen Fragen stellen: Warum lohnt sich die Beschäftigung mit Naturphilosophie überhaupt noch? Sind nicht Naturphilosophien jeglicher Art metaphysische Relikte deren vermeintliche Erkenntnisse heute von den Naturwissenschaften längst überholt worden sind? Diese Fragen, die den Geist der moderne ausdrücken, lassen sich so direkt nicht beantworten. Es handelt sich hierbei insofern um moderne Fragen, als hier eine Rechtfertigung vor zwei Instanzen verlangt wird, die für ein zeitgemäßes Wissenschaftsverständnis zentral sind. Dies ist einerseits die Vorstellung, daß sich alles lohnen muß und andererseits die Überzeugung, daß Erkenntnisgewinn sich proportional in fortschreitender technischer Präzision ausdrückt. Verlangt man vor diesem Hintergrund eine Antwort von der Naturphilosophie, so muß sie diese schuldig bleiben.

Sieht man sich jedoch den Umgang des modernen homo faber mit seiner Natur an, so fällt auf, daß hier einiges im argen liegt. Das 'sich lohnen' ist zumeist nur auf kurzfristige Gewinne aus und die 'technische Präzision' diesen blind ergeben. Erkenntnisgegenstände werden daher nicht als integraler Bestandteil einer Natur als Ganzheit, sondern vielmehr als abgesteckte Forschungsfelder betrachtet. Daraus resultiert sowohl ein praktisches wie auch ein theoretisches Problem. Das praktische Problem besteht darin, daß jene präzisen Detailbeschreibungen der Natur ebenso ungenau in der Berücksichtigung des Ganzen sind. Nebenwirkungen und Spätfolgen werden vom Nutzenkalkül nicht mit erfaßt. Umweltschäden werden somit schon qua Ansatz in Kauf genommen. Das theoretische Problem der modernen Herangehensweise an die Natur zeigt sich in folgendem bekannten Paradox: 'Je mehr wir über die Natur wissen, desto größer wird unser Unwissen'. Der Grund dafür liegt eben in der Aufteilung des Forschungsgegenstands Natur unter den Naturwissenschaften und schließlich unter deren Spezialgebieten. Jeder Spezialist hat natürlich einen Berg an Unwissen über die von ihm nicht beachteten Gebiete. Das gilt zunehmend auch für das Wissen um den Zusammenhang dieser Gebiete. In der Summe stehen wir damit vor dem Paradox, daß die ausgeblendeten Forschungsgegenstände (die ja jeweils wenigen Spezialgebieten gegenüberstehen) das Wissen überragen.

Das ist eine sophistisch anmutende und sicherlich keiner strengen Prüfung standhaltende Argumentation. Daß sie aber dennoch nicht ganz ohne Wahrheit ist, zeigt der folgende Fragenkatalog. Von diesen natürlichen Fragen hat sich unser Zeitgeist so weit entfernt, daß ihre Nennung vielleicht schon belustigend wirken mag: Warum gibt es eine Natur? Was ist die Natur überhaupt? Warum ist die Natur gesetzmäßig? Was sind Naturgesetze? Mit eben diesen Basisfragen beschäftigt sich die Naturphilosophie und weiß auf sie eine Fülle von Antworten zu geben.

Ich möchte in diesem Text den objektiv idealistischen Ansatz der Hegelschen Naturphilosophie vorstellen. Dieser geht davon aus, daß Natur in erster Linie etwas Ideelles ist. Sie also von der Art, von der auch unsere Gedanken sind. Im Unterschied zu diesen hat sie jedoch einen objektiven Status. Um diesen Hegelschen Begriff der Natur erfassen zu können, bedarf es zumindest einer groben Kenntnis der Grundlagen seines philosophischen Systems. Dies soll in Kapitel I dargestellt werden. Dieses Kapitel setzt sich mit der Hegelschen Logik auseinander. Ich werde dabei neben einer Darstellung des Begründungskonzeptes von Hegel selbst, vor allem auf die aktuelle Letztbegründungsdiskussion eingehen. Kapitel II setzt sich dann darauf aufbauend mit dem Hegelschen Naturbegriff auseinander. Es soll geklärt werden, was es heißt, daß die Logik in die Natur übergeht und diese somit etwas Ideelles ist. Aus diesem Naturbegriff resultiert dann auch eine bestimmte Auffassung von der Rolle der Naturwissenschaften. Diese ist Gegenstand des Kapitel III. In den Kapiteln II und III ist somit der Begriff der Natur, und die Methode der Naturphilosophie geklärt worden. Im abschließenden Kapitel IV werde ich mich dann mit Fragen nach der Struktur der Natur im Sinne Hegels beschäftigen. Schließen werde ich mit Überlegungen dazu, wie das Leib-Seele-Problem aus Hegelscher Sicht zu lösen ist.

Zur Vorgehensweise sei folgendes angemerkt. Ich habe die von Hegel in der Einleitung der Naturphilosophie angesprochenen Punkte nach systematischen Gesichtspunkten in Einzelprobleme zerlegt. Es handelt sich also beim vorliegenden Text nicht um einen Kommentar des Hegeltextes, sondern um eine Diskussion der darin angesprochenen philosophischen Fragen. Die Neuordnung der thematischen Abfolge Hegels war auch deshalb unumgänglich, weil Hegel von Erkenntnisproblemen ausgehend zu ontologischen Überlegungen über die Natur gelangt. Eine Umkehrung dieser Reihenfolge erleichtert jedoch das Verständnis erheblich, da die ontologischen Fragen, wie man sehen wird, in der Regel zur Lösung von Erkenntnisproblemen vorausgesetzt werden müssen. Die vorliegende Abfolge wird dann ein Folgeverhältnis der einzelnen Punkte darstellen. Ziel ist eine Reduktion von Prämissen, die erst später im Text expliziert werden können. Dies war leider nicht immer möglich. Ich habe jedoch versucht, diese Stellen durch die Umstrukturierung der bei Hegel vorgefundenen Anordnung der einzelnen Punkte zu reduzieren.

I. Logik als Grundlage des Hegelschen Systems

Die *Naturphilosophie* ist in *Hegels System* keineswegs losgelöst von den anderen Systemteilen zu betrachten. Insofern muß sich die vorliegende Arbeit zuerst mit den *Voraussetzungen* ihres Gegenstandes auseinandersetzen. Dabei werde ich mich auf ein notwendiges Minimum beschränken. Es sollen weitestgehend lediglich die Voraussetzungen geklärt werden, die im folgenden dann auch jeweils Prämissen der naturphilosophischen Überlegungen sind. Eine vollkommene *Letztbegründung* dieser Voraussetzungen der naturphilosophischen Überlegungen wird sich dennoch als in diesem Rahmen nicht durchführbar erweisen. Nichtsdestotrotz sollen diese Prämissen hier dargestellt und weitest möglich begründet und plausibilisiert[1] werden. Die wesentliche Voraussetzung der Naturphilosophie ist Hegels Logik. Eine Charakterisierung der Logik in Hegels System ist Gegenstand des Kapitel I.1. Hier soll ganz allgemein angegeben werden, was Hegel unter 'Logik' versteht. Die Begründbarkeit dieser Logik wird dann Gegenstand des Kapitels I.2 sein. Dieser Teil ist hier etwas umfangreicher behandelt, als dies für naturphilosophische Überlegungen auf den ersten Blick notwendig erscheinen könnte. Ich halte diese Ausführlichkeit dennoch für nötig, da von der Begründbarkeit der Logik direkt auch die Begründbarkeit der Naturphilosophie Hegels abhängt. Kapitel I.3 behandelt dann die Rekonstruktion der Logik und damit letztlich die Dialektik. Mit der Dialektik in Kapitel I.3 und der Abschlußkategorie der Logik, der 'absoluten Idee' in Hegels Terminologie, in Kapitel I.4 werden dann schließlich einige Vorarbeiten für die folgende naturphilosophische Argumentation geleistet.

---

[1] 'Plausibilisierung' darf hier natürlich nicht als Begründungsersatz verstanden werden. Vielmehr soll dadurch ein Hinweis auf eine mögliche Begründung gegeben werden. 'Plausibel', so wie ich das Wort hier verstehe, ist eine noch nicht vollständige Argumentation dann, wenn von ihr zwei wesentliche Dinge gezeigt werden können: (a) Die Argumentation stellt keine Aporie dar; sie führt also nicht in einen Widerspruch. (b) Es ist ein Weg angebbar, der zur Komplettierung der Argumentation führt.

1. Die Logik in Hegels System

Hegels System gliedert sich in drei Teile: die *Logik*, die *Naturphilosophie* und die *Philosophie des Geistes*. Die Grundlage des Systems bildet die Logik. Aus ihr wird die Natur abgeleitet, welche sich dann zum Geist entwickelt. Die letzteren beiden Momente, also der Übergang der Logik in die Natur und deren Entwicklung zum Geist, werden als Schwerpunkt dieses Textes in diesem Kapitel noch nicht diskutiert. Was die Philosophie des Geistes selbst angeht, so werde ich auf eine Darstellung derselben hier ebenfalls verzichten, da sie für das hier behandelte Thema keine Relevanz hat. Was also hier darzustellen bleibt, ist die von Hegel in der '*Wissenschaft der Logik*' behandelte Logik.

Ein Versuch, diese Logik zu charakterisieren, ist nach Hegel bereits ein problematisches Unterfangen. Denn

> „der *Begriff* selbst der *Wissenschaft* überhaupt gehört zu ihrem Inhalte, und zwar macht er ihr letztes Resultat aus" (WL. I, 35).[2]

Man weiß nach Hegel also erst dann wirklich, was die Logik ist, wenn man sie vollständig vorliegen hat. Eine von Hegel selbst seiner 'Wissenschaft der Logik' vorausgeschickte Charakterisierung des Gegenstandes derselben ist die folgende:

> „Als *Wissenschaft* ist die Wahrheit das reine sich selbst entwickelnde Selbstbewußtsein und hat die Gestalt des Selbsts, daß *das an und für sich Seiende gewußter Begriff, der Begriff als solcher aber das an und für sich Seiende ist*. Dieses objektive Denken ist denn der Inhalt der reinen Wissenschaft. [...] Die Logik ist sonach als das System der reinen Vernunft, als das Reich des reinen Gedankens zu fassen. *Dieses Reich ist die Wahrheit, wie sie ohne Hülle an und für sich selbst ist.* Man kann sich deswegen ausdrücken, daß dieser Inhalt *die Darstellung Gottes* ist, *wie er in seinem ewigen Wesen vor der Erschaffung der Natur und des endlichen Geistes ist*" (WL. I, 43 f.).

---

[2] Bei Hegelzitaten verwende ich Abkürzungen der zitierten Werke. Diese Abkürzungen finden sich im Literaturverzeichnis in Klammern bei der Auflistung der Werke. Bei allen anderen Zitaten beziehen sich die Jahresangaben jeweils auf die ebenfalls im Literaturverzeichnis in Klammern angegebenen Ersterscheinungsjahre des jeweiligen Werkes. Die einzige Ausnahme ist hier Kant, dessen zitiertes Werk ebenfalls mittels einer im Literaturverzeichnis angegebenen Abkürzung zitiert ist. – Bei Texten, die über eine Zeilenzählung verfügen, werde ich ebenfalls die Nummern der zitierten Zeilen angeben. Die Zeilennummer wird dann durch einen Schrägstrich '/' von der Seitenangabe getrennt.

Es handelt sich also nach Hegel bei der Logik um ein System inhaltlich bestimmter Begriffe, die objektiven Charakter haben. Die logischen Begriffe sind mithin nicht bloß durch das menschliche Denken hervorgebracht. Vielmehr sind es *kategorische Begriffe*, die der Natur und auch dem Geist, der sie denkend zu erfassen vermag, vorausgesetzt sind. Insofern beansprucht Hegels Logik eine ontologische Stellung. Diese *logischen Kategorien* stellen dann die *Strukturen der Wirklichkeit*, also sowohl die Strukturen der Natur, als auch die des Geistes und natürlich auch die der Logik selbst dar.

Hegels Logik ist kein rein formales Gebilde. Vielmehr grenzt er sein Unternehmen von einer bloß formalen Bestimmung der Logik ab.[3] Eine rein formale Logik hat keine Inhalte, sondern beschreibt Formen unabhängig von ihrem Bezug auf verschiedene Inhalte. Hegel kritisiert daran, daß bereits diese Formen selbst Inhalte darstellen. Indem die Formen des Denkens Gegenstand desselben werden,

> „schlagen sich [...] *die Bestimmtheiten dieser Formen zum Inhalte*; so daß nach jeder dieser Formen ein besonderer Gegenstand zu entstehen scheint und, was an sich dasselbe ist, als ein verschiedener Inhalt aussehen kann" (Enz. I, 44).

Dieses *Zusammenfallen von Form und Inhalt* logischer Begriffe ist sogleich ein Hauptcharakteristikum der logischen Kategorien Hegels. Indem der Inhalt einer Kategorie formaler Natur ist, und zugleich diese Form ihr Inhalt, sind die logischen Begriffe *reflexiv*. Den Kategorien der Logik kommt ihre eigene Bedeutung als Eigenschaft zu.[4] Ein Beispiel hierfür ist der Begriff 'Begriff', der selbst begrifflich ist.

2. Die Begründbarkeit der Logik

Die bisherigen Überlegungen zur Logik haben bislang noch rein thetischen Charakter. Hier soll nun überlegt werden, inwiefern sie sich begründen lassen. Dabei werde ich mich sowohl mit Hegels eigener Begründung der Logik, als auch mit neueren Auffassungen zur *Letztbegründung* der Logik auseinandersetzen. Eine zentrale Frage dieses Kapitels ist dann die, ob eine Letztbegründung des Hegelschen Ansatzes durch Metaüberlegungen möglich ist, oder ob

---

[3] Vgl. WL. I, 26 f., Enz. I, 44.
[4] Vgl. dazu auch Hösle 1987, 72 f.

nur das gesamte System der Logik *sich selbst begründet*. Zuerst einmal sollen nun dazu die Thesen, deren Begründung damit thematisiert ist, formuliert werden:

(A) Die Kategorien der Logik sind *Voraussetzungen allen begrifflichen Denkens*.

(B) Die Kategorien der Logik haben einen *ontologischen Status* und sind *Voraussetzungen allen Seins*.

Hierbei lassen sich nun zwei Begründungskonzepte unterscheiden. Hegels Begründungskonzept sieht die *ontologische* These (B) als durch das ganze System der Logik begründbar an. Daraus folgt dann die *erkenntnistheoretische* These (A). Die Letztbegründungsstrategie *D. Wandschneiders* und *V. Hösles* geht den umgekehrten Weg. Es wird erst versucht die erkenntnistheoretische These (A) letztzubegründen. Daraus soll dann die ontologische These (B) begründet werden.

Zuerst möchte ich Hegels Logikbegründung betrachten. Hegel geht davon aus, daß die Logik nur durch die Logik selbst begründet werden kann. Sie stellt also ein *kohärentes System*[5] von Begriffen dar, die dann auch nur innerlogisch begründet sind.

> „Für den *Anfang*, den die Philosophie zu machen hat, scheint sie im allgemeinen ebenso mit einer subjektiven Voraussetzung wie die anderen Wissenschaften zu beginnen, nämlich einen besonderen Gegenstand, wie anderwärts der Raum, Zahl, usf., so hier das *Denken* zum Gegenstand des Denkens machen zu müssen. Allein es ist dies der freie Akt des Denkens, sich auf den Standpunkt zu stellen, wo es für sich selber ist und *sich hiermit seinen Gegenstand selbst erzeugt* und *gibt*. Ferner muß der Standpunkt, welcher so als *unmittelbarer* erscheint, innerhalb der Wissenschaft sich zum *Resultate*, und zwar zu ihrem letzten machen, in welchem sie ihren Anfang wieder erreicht

---

[5] Der Begriff 'Kohärenz' müßte natürlich selbst in der Logik geklärt werden. Einstweilen werde ich die von N. Rescher in seiner Untersuchung zur Kohärenztheorie der Wahrheit (Rescher 1973) angenommenen Kriterien für Kohärenz benutzen: damit ein System kohärent ist, muß nach Rescher (i) in diesem jedes Element aus einem anderen Element des Systems ableitbar sein, (ii) es darf keine kohärente Teilmenge im System existieren und (iii) das System muß konsistent sein (vgl. Rescher 1973, 35 f.). Die Bedingung (ii) mag hier vielleicht verwundern. Doch ich denke, daß gerade auch diese Bedingung im Sinne des Hegelschen Gedankens der Logik als eines Absoluten ist. Absolutheit der Logik heißt ja, daß es nichts von der Logik unabhängiges geben darf. Ist nun eine Teilmenge der Logik in sich abgeschlossen kohärent, so wäre die Logik nicht mehr das Absolute; diese Teilmenge wäre ja unabhängig von ihr.

und in sich zurückkehrt. Auf diese Weise zeigt sich die Philosophie als ein in sich zurückgehender Kreis, der keinen Anfang im Sinne anderer Wissenschaften hat, so daß der Anfang nur eine Beziehung auf das Subjekt, als welches sich entschließen will zu philosophieren, nicht aber auf die Wissenschaft als solche hat" (Enz. I, 62 f.).

Ein philosophierendes Subjekt stellt also nach Hegel keine Begründungsinstanz dar. Begründen kann nur die Logik selbst. Subjektives Denken kann die Strukturen der Logik bloß nachvollziehen. Für das logische Denken darf die Existenz eines solchen Subjekts nicht vorausgesetzt werden. Wenn man das 'Denken zum Gegenstand des Denkens macht', so muß dies nach Hegel in Abstraktion vom denkenden Subjekt geschehen. Nur solches, von seiner eigenen Existenz als Geist abstrahierendes Denken, ist ein 'freier Akt des Denkens' und kann qua eigener Voraussetzungslosigkeit *begründen*.

Damit ist jedoch eine Begründungsstrategie, die zuerst die These A begründet und daraus dann die These B ableitet, nicht mehr möglich. Zur Rechtfertigung der Entscheidung für diese Begründungsstrategie und gegen etwaige Metaüberlegungen, welche dem Nachvollzug der logischen Strukturen von vorne herein ein sicheres Ergebnis garantieren, äußert Hegel in seinen Überlegungen zur *Methode* in der Logik folgendes:

> „Die Ungeduld, die über das *Bestimmte*, es heiße Anfang, Objekt, Endliches, oder in welcher Form es sonst genommen werde, *nur* hinaus und unmittelbar sich im Absoluten befinden will, hat als Erkenntnis nichts vor sich als das leere Negative, das abstrakte Unendliche, – oder ein *gemeintes* Absolutes, das ein gemeintes ist, weil es nicht *gesetzt*, nicht *erfaßt* ist; erfassen läßt es sich nur durch die *Vermittlung* des Erkennens, von der das Allgemeine und Unmittelbare ein Moment, die Wahrheit selbst aber nur im ausgebreiteten Verlauf und im Ende ist" (WL. II, 571).

Die Logik als kohärentes System zu erkennen ist also nur möglich, wenn man den 'ausgebreiteten Verlauf' derselben zur Verfügung hat; wenn man also das ganze System kennt.

Hegel kann mithin nur damit beginnen, den ontologischen Status der Logik zu begründen.[6] Doch das ist nicht auf direktem Weg, also durch Metaüberlegungen, möglich. Diese müßten sich ja auf das begründende Subjekt oder etwas Drittes stützen. Nach Hegel soll es

---

[6] Jede weitere logikexterne Begründungsinstanz kann mit dem Argument ausgeschlossen werden, daß damit ja eine weitere Voraussetzung gemacht wäre, die ihrerseits einer Begründung bedürfte.

vielmehr in Analogie zum *ontologischen Gottesbeweis* auch hier die Logik selbst sein, die sich selbst ihren ontologische Status zuweist:

> „Es ist die *Definition der endlichen Dinge*, daß in ihnen Begriff und Sein verschieden, Begriff und Realität, Seele und Leib trennbar, sie damit vergänglich und sterblich sind; die abstrakte Definition Gottes ist dagegen eben dies, daß sein Begriff und sein Sein *ungetrennt* und *untrennbar* sind" (WL I, 92).[7]

Es ist somit nicht nur die Maßgabe der Logik, was sie ist, sondern auch daß sie ist. Logik ist somit nicht begründbar, sondern, wie Wandschneider es ausdrückt, *'selbstbegründend'*.[8] Diese Selbstbegründung ist nun keineswegs als eine *petitio principii* zu interpretieren. Vielmehr besteht in der zirkulären Selbstbegründung der Logik ihre *Voraussetzungslosigkeit*. Die Logik setzt ja nichts außer sich selbst voraus.[9] Der dabei auftretende Zirkelschluß ist damit ein *notwendiger Zirkel*. Dieser Zirkel zeichnet sich dadurch aus, daß es schlechterdings unmöglich ist, ihm zu entrinnen. So würde ein Versuch, dem durch die Hegelsche Logik verkörperten Zirkel zu entrinnen z.B. zu der absurden Annahme der Nichtgültigkeit der Kategorie 'Sein' führen.

Damit ist nun die These B noch nicht begründet; es ist lediglich eine Begründungsstrategie vorgestellt worden. Um die Begründung der Logik einzusehen, müßte ein Subjekt sich die logischen Strukturen so, wie sie sich seinem Denken offenbaren, nachvollziehen. Damit das möglich ist, muß jedoch die These A begründet werden. Setzen wir voraus, daß die These B begründbar ist, so ist A eine triviale Konsequenz daraus. Wenn es eine feste ideelle Struktur gibt, die Grundlage von allem ist, so ist sie auch die Grundlage unseres Denkens. Die 'Wissenschaft der Logik' ist dann als das Ergebnis eines solchen Nachvollzugs der logischen Strukturen anzusehen. Dabei muß das Denken dann für die Rekonstruktion der Logik, diese bereits voraussetzen. Als Ergebnis dieser Rekonstruktion müßte die Logik sich dann auch selbst als ontologisch erweisen.[10]

---

[7] Der Ausdruck 'Gott' kann hier als eine der verschiedenen Verwendungsweisen des Begriffs 'Logik' gelesen werden. Andere Hegelsche Synonyme für 'Logik' sind z.B. 'Begriff' und 'Idee'.
[8] Vgl. Wandschneider 1995, 19.
[9] Vgl. Wandschneider 1995, 17.
[10] G.R.G. Mure drückt dies wie folgt aus: „Hegel's point, put crudely and simply in terms of ordinary thinking and not in his technical language, is that if the object of my thinking were an absolutely intelligible whole, through and

Wandschneider und Hösle versuchen, wie erwähnt, zuerst die These A letztzubegründen. Dies geschieht mittels eines etwas abgewandelten Letztbegründungsarguments der *Transzendentalpragmatik*. Von daher möchte ich die transzendentalpragmatische Argumentation hier zuerst darstellen. Aus dieser transzendentalen Argumentationsfigur wird sich dann zusätzlich ein entscheidender Hinweis darauf ergeben, wie sich Hegels Programm eines Nachvollzugs der Selbstbegründung der Logik möglicherweise ausführen läßt.

Als repräsentative Darstellung der transzendentalpragmatischen Letztbegründung möchte ich hier eine Argumentation von *W. Kuhlmann* darstellen: Gemäß dieser Argumentation gibt es nur eine einzige sinnvolle Möglichkeit, die Letztbegründung gegen mögliche Zweifel schützt:

> „Es bleibt nur der folgende Weg, nämlich in aller Allgemeinheit auf die Struktur, auf die Bedingungen der Möglichkeit und damit auf die Grenzen des Zweifels bzw. des Bestreitens überhaupt zu reflektieren und von daher nach Aussagen zu suchen, die vor jedem Zweifel sicher sein können" (Kuhlmann 1981, 7).

Ein wesentliches Moment eines Zweifels ist nach Kuhlmann, daß dieser an einen *Sprechakt* gebunden ist und somit eine Handlung darstellt.[11] Damit besitzt ein solcher Zweifel neben seinem *semantischen Gehalt* zusätzlich noch eine *pragmatische Dimension*. Diese pragmatische Dimension repräsentiert die Absichten des Sprechers und die dem Sprechakt zugrundeliegenden Annahmen. Diese muß ein Sprecher kennen, wenn er weiß, was er sagt. Kuhlmann nutzt diesen Umstand nun zur Letztbegründung bestimmter semantischer Gehalte; denn dieses pragmatische Moment stellt ja somit eine Bedingung der Sinnhaftigkeit des semantischen Gehalts dar.

Damit lassen sich nun sichere Aussagen identifizieren: Es handelt sich um all jene Aussagen, welche Annahmen darstellen, die bei jedem Sprechakt vorausgesetzt werden müssen. Dies sind nach Kuhlmann *die Regeln der Argumentation*. Äußert jemand einen Zweifel an diesen Argumentationsregeln, so setzt er dennoch implizit diese Argumentationsregeln voraus, denn er argumentiert ja. Nimmt man seine Aussage, also den Zweifel an den Argumentati-

---

through self-explanatory without reference beyond itself, then my thinking would carry with it certain knowledge that this object which is within my thought has also – or rather eo ipso – actual existence" (Mure 1965, 150).

[11] Vgl. Kuhlmann 1981, 8.

onsregeln, ernst, so folgt daraus, daß dieser Zweifelnde gar nicht argumentiert. Der semantische Gehalt seiner Aussage ist durch das Ernstnehmen derselben sinnlos geworden. Somit

> „ergibt sich, daß die Geltung der Argumentationsregeln von mir nur dann wirklich bestritten wird (derart, daß es sinnvoll ist, die Wahrheit der bestreitenden Behauptung zu prüfen), wenn ich die Argumentationsregeln zugleich anerkenne" (Kuhlmann 1981, 17).

Obschon ich diese Argumentation nur der Argumentationsfigur wegen dargestellt habe, möchte ich dennoch kurz auf die Probleme eingehen, die ich dabei sehe. Kuhlmann sieht es als einen Vorteil seines Letztbegründungsarguments an, daß damit nicht zugleich die Gegenbehauptung, also ein Bezweifeln der Argumentation, logisch falsch ist. Dann wären die letztbegründeten Argumentationsregeln nämlich Tautologien.[12] Insofern schließt er auch eine rein semantische Letztbegründung eines Satzes (p) aus, da diese zu einem infiniten Regreß führt:

> „Nur dann, wenn wir uns zu (p) so verhalten, daß das, was miteinander kollidieren soll, für uns auf zwei verschiedenen logischen Ebenen liegt, der performative Satz auf der Ebene der Metakommunikation, der propositionale Teil dagegen auf der Ebene der Kommunikation über Referenzobjekte, nur dann gehen wir nicht über (p) hinaus, sondern konfrontieren in einem reflexiven Argument das, was wir illokutiv von (p) verstanden haben müssen, also einen Teil von (p) mit (p) selbst" (Kuhlmann 1981, 20 f.).

Eben mit dieser zusätzlichen Ebene handelt sich Kuhlmann m.E. jedoch eine Voraussetzung ein. Er setzt nämlich zumindest voraus, daß es Menschen gibt, die kommunizieren und dabei dann diese unhintergehbaren Annahmen machen.[13] Die Existenz von Menschen *nicht* anzunehmen, ist selbstverständlich absurd; aber diese Existenz als Prämisse zu haben heißt eben, eine Voraussetzung zu machen.[14] Kuhlmanns Argumentation stellt insofern *keinen notwendi-*

---

[12] Vgl. Kuhlmann 1981, 21.
[13] Die gleiche Kritik richtet Hegel übrigens gegen Kant, dem er vorwirft Erfahrungserkenntnis zur Erklärung derselben bereits vorauszusetzen (vgl. Enz. I, 53, 113 f.). Vgl. dazu auch Henrich 1956, 134.
[14] Diese Kritik ist analog zu Hegels Kritik an Fichte: Fichte müsse das empirische Ich voraussetzen und könne daraus dann nichts Allgemeingültiges (bei Fichte das absolute Ich) mehr ableiten. Oder aber er müßte dieses Allgemeingültige unterstellen, was jedoch ein bloßes Postulat wäre (vgl. WL. I, 76 f.). Analog kann man gegen Kuhlmann einwenden, daß er entweder auf bloß subjektiv

gen Zirkel dar. Selbst wenn Kuhlmann das transzendentale Argument als ein hypothetisches auffaßt, also als eines, was keine realen Menschen voraussetzt, so muß in diesem Fall dennoch auf eine Theorie menschlicher Kommunikation, wie etwa auf die Sprechakttheorie zurückgegriffen werden.[15]

Das heißt nun nicht, daß Kuhlmanns Argumentation falsch ist; im Gegenteil, sie ist wohl durchaus korrekt, nur eben nicht streng voraussetzungslos. Mit der Voraussetzung von Argumentation verbaut man sich dann außerdem noch die Möglichkeit, den Grund des Vorausgesetzten einsehen zu können. So wird die Transzendentalpragmatik nie zeigen können, warum es eine *Kommunikationsgemeinschaft* gibt, obschon deren konstitutive Regeln begründet werden sollen.[16] Aber dennoch kann man derartige Fragen nach dem 'Warum' nicht schlicht als sinnlos abtun.

Eine Modifikation dieser transzendentalpragmatischen Letztbegründungsargumentation im Sinne einer Begründung von These A findet sich bei D. Wandschneider und V. Hösle.[17] Analog zur Transzendentalpragmatik geht Wandschneider davon aus,

> „daß die Gesetze der Logik [...] deshalb nicht bestritten werden können, weil sie für solches Bestreiten immer schon vorausgesetzt werden. Jedes Bestreiten muß, um effektiv zu sein, logisch verfahren, d.h. die Gesetze der Logik beachten. Diese selbst bestreiten zu wollen, wäre daher ein widersprüchliches Unterfangen" (Wandschneider 1985, 333).[18]

---

evidentes Handlungswissen eines Sprechers baut, oder aber dieses als allgemeingültige Kommunikationsstruktur unbegründet voraussetzen muß.

[15] Kuhlmann versucht diese theoretische Voraussetzung zu vermeiden, indem er das Handlungswissen seines zweifelnden Opponenten für die Argumentation nutzbar machen will (vgl. Kuhlmann 1981, 11 ff.). Damit hat er dann jedoch wieder einen realen Menschen vorausgesetzt.

[16] Das ist es wohl auch, was Hösle meint, wenn er die Möglichkeit einräumt, „Apel könnte nicht mehr erklären, warum es eine von der idealen unterschiedene reale Kommunikationsgemeinschaft gibt" (Hösle 1990, 221). Dies von Hösle bloß für möglich Gehaltene, ist, so denke ich, Realität, denn philosophisch denkend muß man alles anzweifeln, was anzweifelbar ist, wenn man wirklich nach Unbezweifelbarem sucht.

[17] Da die Überlegungen von Wandschneider und Hösle sich in der hier behandelten Frage ergänzen, werde ich diese zusammen darstellen. Um dies zu belegen, werde ich bei Zitaten des einen gegebenenfalls angeben, wo sich eine analoge Aussage beim anderen findet.

[18] Vgl. auch Hösle 1987, 73

Das Argument, daß das *Bestreiten der Logik* zu einem *performativen Widerspruch* führt ist weitgehend analog zur Argumentation der Transzendentalpragmatik. Indem ein Opponent argumentiert, bringt er die Logik (die hier als Logik im Hegelschen Sinne verstanden werden muß) auf der pragmatischen Ebene selbst ins Spiel. Folglich muß er sich dann auf der semantischen Ebene auch an dieser messen lassen. Argumentiert der Opponent jedoch nicht, so kann er auch die Geltung der Logik nicht bestreiten.

Hier läßt sich auch sogleich der Unterschied zur Transzendentalpragmatik ausmachen. Wandschneider sieht *Logik* als die wesentliche unhintergehbare Bedingung der Möglichkeit von Argumentation.[19] Damit hat er nun sicherlich einen gegenüber den Argumentationsregeln der Transzendentalpragmatik fundamentaleren Bereich zum Gegenstand der Letztbegründung gemacht. Denn bei Wandschneider steht nun nicht mehr die pragmatische Einstellung dessen, der argumentiert – also ein letztlich bloß subjektiv einsehbares Moment – im Zentrum. Vielmehr rekurriert seine Argumentation auf die mit der Semantik einer Aussage immer schon mitgemeinten *logischen Metabedeutungen*, welche diese Aussage voraussetzt.[20] Dies führt dann, wenn die eigenen logischen Präsuppositionen bestritten werden, zum performativen Widerspruch.

Es ist nun sehr einfach, aus der dargestellten Argumentation Wandschneiders die These A abzuleiten. Gemäß These A sind die logischen Kategorien Voraussetzungen des *begrifflichen Denkens*. Denken läßt sich hier jedoch problemlos mit Argumentieren (z.B. in Form einer Argumentation mit sich selbst) gleichsetzen.[21] Insofern sind die Bedingungen des Argumentierens zugleich auch als Bedingungen begrifflichen Denkens überhaupt zu sehen.

Aus der These A soll nun auf die These B geschlossen werden. Es muß also gezeigt werden, daß die transzendentalen Bedingungen des Denkens zugleich auch transzendentale Bedingungen des Seins sind. Ein Argument dafür liefert V. Hösle:

---

[19] Vgl. auch Wandschneider 1994, 85.
[20] Dies wird im folgenden noch näher betrachtet werden (vgl. Kap. I.3).
[21] Auf die Frage, ob nun damit auch behauptet ist, daß Denken auch ohne bezug zu einer unbegrenzten Argumentationsgemeinschaft im Sinne der Transzendentalpragmatik möglich ist, möchte ich hier nicht eingehen. Dies wäre ein Streitpunkt zwischen Kuhlmann und Wandschneider/ Hösle), der quer zu der hier interessierenden Dimension des Letztbegründungsproblems liegt. Letztlich ist es das Problem des Privatsprachenarguments. Vgl. dazu Hösle 1990, 191 f.

„Es hülfe nichts, wenn man einräumte, des Letztbegründungsbeweis sei zwar für unser Denken gültig, aber nicht für die Welt – denn es wären doch immer wir, die eine solche mögliche Welt dächten und damit dem Letztbegründungsbeweis widersprächen. Die Aussage 'Es gibt möglicher weise etwas, was wir nicht denken können' ist dialektisch selbstwidersprüchlich – denn eben damit denken wir es. Daraus folgt schon, und zwar ohne aus der Immanenz des Denkens herauszutreten, die ontologische Valenz des Letztbegründungsbeweises" (Hösle 1990, 210).[22]

Mit diesem Argument, welches die Grenzen unseres Denkens mit den Grenzen der Welt nach Maßgabe der aus dem Denken abgeleiteten notwendigen Einsichten gleichsetzt, erhält die letztbegründete These A einen ontologischen Status im Sinne der These B.

Meine Kritik an diesen Überlegungen bezieht sich auf den Beweis der These A. Sowohl Wandschneider als auch Hösle haben, indem ihre Argumentation für die These A der transzendentalpragmatischen Argumentation gleicht, hier auch *die gleichen Voraussetzungen* gemacht. Sie setzen, genau wie Kuhlmann, *Menschen und die faktischen Strukturen ihres Argumentierens* voraus. Hösle argumentiert in einem gewissen Sinne sogar für die Notwendigkeit dieser Voraussetzung zum Zwecke einer Letztbegründung. Nach Hösle

„ist es leicht zu begreifen, daß Letztbegründung [...] nicht auf einem direkten Beweis basieren kann. Denn dieser führt in der Tat in den infiniten Regreß; und wenn man den Abbruch des Beweisverfahrens in einer Form der Intuition vermeiden möchte, bleibt als Beweisform nur der indirekte Beweis übrig" (Hösle 1990, 159).[23]

Ein *indirekter Beweis* macht jedoch *immer eine Voraussetzung!* Versucht man den Satz p←q (hier: Logik p ist eine Voraussetzung von Denken q) indirekt zu beweisen, so geht man wie folgt vor: Man geht

---

[22] Vgl. dazu auch Wandschneider 1985, 334 ff.

[23] Daß ein direkter Beweis der absoluten Geltung der Logik automatisch zu einem infiniten Regreß (oder auch einer petitio principii oder einem Dogma; vgl. auch Hösle 1987, 183) führen muß, ist keineswegs erwiesen. Im Gegenteil scheint mir gerade der synthetische Charakter der dialektischen Selbstbegründung der Logik (vgl. WL. II, 557; Enz. I, 391) dieses zu verhindern. Das Münchhausentrilemma (also die gleichermaßen unliebsamen Alternativen eines infiniten Regresses, einer petitio principii oder eines Dogmas, vgl. Albert 1968, 13) stellt m.E. nur eine Bedrohung für rein analytische Argumentationen dar. H. Albert bezieht sich bei seiner Aufdeckung des Münchhausentrilemmas als Resultat aller Letztbegründungsversuche lediglich auf analytische Begründungszusammenhänge (vgl. Albert 1968, 12).

von ¬p ∧ q (Logik gilt nicht und jemand denkt) aus und zeigt, daß diese Annahme zu einem Widerspruch führt. Dabei muß man sich jedoch der Voraussetzung q (jemand denkt) bedienen. Gerade weil dann die Annahme von p in der Annahme von q enthalten ist, folgt die Kontradiktion p ∧ ¬p.

Natürlich kann man nun einwenden, daß die Annahme q eine bloß *hypothetische Annahme* ist. Man geht ja nicht davon aus, daß es jemanden gibt, der denkt, sondern es geht bloß hypothetisch um Fälle, in denen jemand den betreffenden Inhalt denken könnte. Man setzt also nicht voraus, daß es faktisch Denken gibt. Das wäre nämlich eine empirische Voraussetzung, welche die unliebsame Konsequenz hätte, daß Logik erst gilt, seit es menschliches Denken gibt. Daß es sich nicht um eine empirische Voraussetzung handelt, ändert jedoch nichts daran, daß es eine *Voraussetzung* ist. Allein dieser Tatbestand widerspricht – auch als bloße Hypothese aufgefaßt – dem Anspruch einer Letztbegründung, die ja voraussetzungslos sein will.

Das meines Erachtens zugrundeliegende Problem dieser Schwierigkeiten ist der gewählte *erkenntnistheoretische Ansatz*, zu dem die erkenntnistheoretische These A als Begründungsstrategie verpflichtet. Um sinnvoll zeigen zu können, daß die Geltung der Logik erkenntnistheoretisch unhintergehbar ist, muß ein (wenn auch nur hypothetisches) Erkenntnissubjekt vorausgesetzt werden.

Man sollte nun erwarten, daß sich daraus der argumentative Übergang der *erkenntnistheoretischen Geltung der Logik zur ontologischen Geltung* derselben als ein noch gravierenderes Problem darstellt. Die These A macht ja überhaupt keine Aussage über andere Dinge, die nicht als 'Denken' zu bezeichnen sind. Sie besagt nur, daß der Geltungsbereich der Logik mindestens so groß ist wie der Bereich des Denkens. Ob es nun jenseits des Denkens noch einen Seinsbereich gibt, der ebenfalls jenseits des Geltungsbereichs der Logik ist, ist vom Standpunkt der These A aus nicht zu entscheiden.

Hösles Argument, welches diesen Übergang trotz der genannten Schwierigkeit schafft, war nun die Identifizierung von Denkbarem und Seiendem. Die Annahme eines Seienden, welches nicht erkennbar ist, ist widersprüchlich. Die bloße Annahme von Seiendem impliziert bereits ein Minimum an Erkennbarkeit. Es handelt sich dabei im Grunde um die Widerlegung der kantischen Annahme eines *Dinges an sich*.[24] Dieses Argument ist meines Erachtens jedoch völlig unabhängig vom erkenntnistheoretischen Letztbegründungsbeweis zu sehen.[25] Es stellt im Grunde eine Widerlegung der Überzeugung dar, daß man erst die Tragweite des Erkenntnisvermögens klären müßte, um dann in einem weiteren Schritt Aussagen über die Erkenntnisgegenstände machen zu können. Es widerlegt also den Grundgedanken einer jeden Erkenntnistheorie. Statt dessen sind, begründet in der Widersprüchlichkeit der Gegenannahme, ontologische Aussagen auch ohne vorhergehende 'Kritik des Erkenntnisvermögens' möglich.[26]

Daß die erkenntnistheoretische These A sich nicht unabhängig von der ontologischen These B beweisen läßt, kann im Grunde auch als eine Konsequenz der Voraussetzungslosigkeit der Logik interpretiert werden. Ließe sich die Unhintergehbarkeit Logik wirklich durch Metaüberlegungen beweisen, so hieße das ja mindestens, daß es ein *Subsystem* in der Logik gäbe, die aus sich selbst heraus schon voraussetzungslos wäre. Damit hätte die Logik als ganze jedoch eine Voraussetzung; sie wäre im Grunde sogar auf dieses Subsystem reduzierbar. Die Logik wäre damit nicht mehr absolut.[27] Die Letztbegründbarkeit der These A widerspricht also strenggenommen der These B.[28] Eine Begründung der Logik müßte also auf jeden Fall die These B begründen.

Dennoch ist die Letztbegründungsargumentation dadurch nicht falsifiziert, daß sie eine Voraussetzung hat. Im Gegenteil zeigt die Möglichkeit, die These A aus der These B abzuleiten, daß es sich um ein, wenn auch nicht letztbegründetes, so doch korrektes Argument handelt. Immerhin ist das Argument dann als gültig anzusehen, wenn man die Voraussetzung akzeptiert, daß es menschli-

---

[24] Vgl. auch Wandschneider 1985, 334 f.

[25] Insofern es bei diesem Argument nicht um eine Letztbegründung handelt, ist es auch völlig argumentationsunschädlich, daß hier ebenfalls ein indirekter Beweis vorliegt, der das Denken voraussetzt. Voraussetzungen können einer Argumentation ja nur dann sinnvoll angelastet werden, wenn sie behauptet voraussetzungslos zu sein.

[26] Vgl. Anm. 13, S. 15.

[27] Vgl. auch Anm. 5, S. 13.

[28] Insofern kann ich Hösles Vorwurf an Hegel, dieser habe die Bedeutung des negativen Beweises für das Unhintergehbarkeitsargument nicht ausreichend beachtet (vgl. Hösle 1987, 188), nicht teilen. Es hätte, wie meine Überlegungen zeigen, genügend Gründe für Hegel geben können, die Form des negativen Beweises nur logikimmanent und nicht für eine Metareflexion zu benutzen.

ches Denken gibt. Damit ist das Letztbegründungsargument, wenn auch nicht als letzter Grund, so doch durchaus als ein nicht unwesentlicher Hinweis auf die ontologische Unhintergehbarkeit der Logik anzusehen. Aus diesem Argument wird sich darüber hinaus im nächsten Kapitel ein überaus wertvoller Hinweis auf die internen Strukturen der Logik ergeben.

3. Die dialektische Rekonstruktion der Logik

Das Ergebnis der bisherigen Überlegungen ist, daß die Begründung der Logik nicht *rein* erkenntnistheoretisch einsehbar ist. Ein rein erkenntnistheoretischer Versuch einer Letztbegründung der Logik setzt zumindest das Denken voraus und ist insofern nicht streng voraussetzungslos. Es bedarf also in jedem Fall einer *eigenständigen ontologischen Begründung der Logik*, unabhängig von erkenntnistheoretischen Erwägungen. Hierzu findet sich bei Hösle ein Gedanke, der für dieses Ergebnis repliziert, indem er als logischen Grund der Durchführbarkeit des erkenntnistheoretischen Letztbegründungsarguments ein Strukturmoment der Hegelschen Logik ausmacht:

> „Wer das Sein, das Etwas, das Andere, um Kategorien aus Hegels Seinslogik anzuführen, bezweifelt, verwickelt sich ebenfalls in Widersprüche, denn was er sagt, ist ja, als Denkakt, selbst ein Seiendes – ein Etwas, das ein Anderes bestreitet. Dieser Selbstwiderspruch beruht offensichtlich auf der Selbstreferenz der *Begriffe* Sein, Etwas, und (in anderer Form) Anderes. Weil die entsprechenden *Begriffe* selbst unter das fallen, was sie *bedeuten*, hebt sich die Negation dessen, was sie bedeuten, auf: Denn wer sie negiert, gebraucht ja die *Begriffe* und impliziert damit die *Bedeutung* der Begriffe" (Hösle 1987, 73).[29]

Wenn man somit das erkenntnistheoretische Letztbegründungsargument auch nicht als einen Erweis der Absolutheit der Logik ansehen darf, so findet sich in diesem Argument dennoch ein Zugang zur Rekonstruktion der Logik durch den sie erkennenden Geist.[30]

---

[29] Vgl. auch Wandschneider 1995, 196.
[30] Dieser sich aus dem Letztbegründungsargument ergebende Zugang zur Rekonstruktion der Logik geht nun m.E. weit über Hegels Ausführungen hinaus. Allein deshalb dürfte hier die recht ausführliche Darstellung der Letztbegründungsdiskussion gerechtfertigt sein.

Das Benutzen logischer Begriffe, setzt sogleich schon die Logik als ganze voraus.[31] Hier taucht nun eine *Diskrepanz* zwischen den in einer Aussage verwendeten logischen Kategorien und deren *logischen Voraussetzungen* auf. Hösle bezeichnet diese Diskrepanz als *pragmatisch*.[32] Der Ausdruck 'pragmatisch' bezeichnet hier nun nicht etwas handlungsbezogenes, sondern bedeutet vielmehr soetwas wie '*metasemantisch*'.[33] Darin finden sich die *Präsuppositionen* eines Begriffs, also alle die Bestimmungen, die seine Bedeutung konstituieren.[34]

Eine Rekonstruktion der Logik, die ich hier nicht liefern möchte, müßte nun diesen Präsuppositionen nachgehen, um damit letztlich zu einem vollständigen und kohärenten System logischer Begriffe zu kommen. Dieses Begriffssystem müßte dann konstitutiv für Begriffe überhaupt sein. Ein jeder Begriff müßte, wenn er nicht schon Element dieses Systems ist, sich zumindest aus Elementen desselben ableiten lassen. Diese Rekonstruktion müßte dann auch den Erweis der Logik als ontologisch unhintergehbarer Instanz zum Ergebnis haben.

Man könnte nun annehmen, daß die pragmatischen Voraussetzungen eines Begriffs in einem *analytischen* Verhältnis zu diesem stehen. Dies hätte jedoch unannehmbare Konsequenzen. Wenn in der Logik jeder Begriff analytisch aus einem anderen folgen würde, wären alle Kategorien gleichbedeutend. Denn die analytische Sequenz A→B ∧ B→C ∧ C→A läßt sich ja auf jeweils A, B oder C reduzieren. Wenn A in B enthalten ist, B in C und C wiederum in A, so folgt daraus, daß A, B und C äquivalent sind. Man hätte also eine nur aus einer einzigen Bedeutung bestehende Logik.[35] Insofern wäre es dann auch nicht mehr sinnvoll, von pragmatischen Voraussetzungen dieses Begriffs zu sprechen. Hinzu käme im Falle eines analytischen Verhältnisses der logischen Kategorien das Problem,

---

[31] Vgl. dazu auch Wandschneider 1995, 26.
[32] Vgl. Hösle 1987, 198.
[33] Vgl. auch die Darstellung von Wandschneiders Letztbegründungsargumentation in Kap. I.2.
[34] So macht Wandschneider zurecht geltend, daß auch rein formallogische Reflexionen implizit inhaltlichen Charakter haben. „Denn die formalen Mittel müssen ja ihrerseits eingeführt, definiert werden" (Wandschneider 1995, 23).
[35] Vgl. dazu Reschers Analyse der Kohärenztheorien der britischen Idealisten (vgl. Rescher 1973, 32 ff.), die scheinbar eben dieses Problem nicht zu lösen vermochten.

daß sich die Selbstbegründung der Logik damit dem Münchhausentrilemma aussetzen würde. Sie wäre entweder ein Dogma (wenn es einen letzten logischen Begriff in der Rekonstruktionskette gäbe) oder infiniter Regreß (wenn man ad infinitum Präsuppositionen finden könnte).

Diesen Problemen kann man jedoch durch eine von Wandschneider eingeführte Unterscheidung entgehen. Es handelt sich hierbei um die Unterscheidung zwischen *Begriffsbedeutung* und *Begriffseigenschaften*. Die *Bedeutung* eines Begriffs ist sein *semantischer Gehalt*. Seine *Eigenschaften* sind die *pragmatischen Präsuppositionen*, die dieser semantische Gehalt macht.[36] Diese fundamentale Unterscheidung ermöglicht es nun, wie man leicht einsehen kann, pragmatische Präsuppositionen q eines Begriffs p nicht als dessen analytische Voraussetzung zu interpretieren. Insofern ist es durchaus korrekt, q als eine Voraussetzung von p zu bezeichnen. Es wäre jedoch falsch, zu behaupten, p sei in q analytisch enthalten. Der Ausdruck p→q ist eine Unterbestimmung des Sachverhalts. Indem z.B. die Hegelsche Kategorie 'Sein' ein Begriff ist, hat sie lediglich die Eigenschaft, begrifflich zu sein. Das heißt noch nicht automatisch, daß ihre Bedeutung, oder gegebenenfalls andere Eigenschaften, dadurch berührt seien.

Daß durch die pragmatischen Überlegungen auch die Bedeutungsebene betroffen sein muß, ergibt sich aus der Forderung, daß die Rekonstruktion der Logik eine Einsicht in die konstitutiven Bedingungen der logischen Bedeutungen gewinnen können muß. Man muß sich die Logik also als ein aus zwei voneinander abhängigen Ebenen bestehendes System von Bedeutungen vorstellen.[37] Diese Struktur der Logik ist nach Hegel nun näher bestimmt als *dialektische Struktur*:

> „In ihrer eigentümlichen Bestimmtheit ist die Dialektik vielmehr die eigene, wahrhafte Natur der Verstandesbestimmungen, der Dinge und des Endlichen überhaupt. [...] Die Dialektik [...] ist dies *immanente* Hinausgehen, worin die Einseitigkeit und Beschränktheit der Verstandesbestimmungen sich als das, was es ist, nämlich als ihre Nega-

---

[36] Vgl. Wandschneider 1995, 32 ff., 41; 1993, 332 ff.
[37] Damit lassen sich nun auch Kuhlmanns Einwände gegen eine rein theoretische Letztbegründung (vgl. Kuhlmann 1981, 20 f.) als nicht zwingend einsehen. Indem sich die theoretische Ebene bei näherer Betrachtung aufspaltet, können auch rein theoretische transzendentale Argumente dem Münchhausentrilemma entgehen.

tion darstellt. Alles Endliche ist dies, sich selbst aufzuheben. Das Dialektische macht daher die bewegende Seele des wissenschaftlichen Fortgehens aus und ist das Prinzip, wodurch allein *immanenter Zusammenhang und Notwendigkeit* in den Inhalt der Wissenschaft kommt" (Enz. I, 172 f.).

Zur näheren Darstellung der dialektischen Methode möchte ich an dieser Stelle auf *D. Wandschneiders* Ansatz zurückgreifen, da Hegel meines Wissens die sehr zentrale Unterscheidung von Begriffsbedeutung und Begriffseigenschaften nirgendwo ausführt. Es finden sich bei Hegel zwar einige Hinweis darauf, daß er im Grunde die genannte Unterscheidung auch macht; jedoch sind diese keineswegs explizit.[38] Es würde an dieser Stelle den Rahmen sprengen, wenn ich den Versuch unternehmen würde, die dialektische Struktur so, wie sie sich in Hegels Logik darstellt, zu analysieren. Da Wandschneiders Überlegungen zur Dialektik nun ohnehin den programmatischen Rahmen der Hegelschen Logik beibehalten und zudem noch methodisch stringenter sind, möchte ich die Grundgedanken von Wandschneiders Dialektiktheorie hier grob skizzieren.

Der Ausgangspunkt der Dialektik ist ein *thetischer Begriff*. Dabei handelt es sich um die Kategorie ‹Sein›, als der allgemeinste denkbare Begriff.[39] Dieser bedarf zur Bestimmung seiner Bedeutung eines *komplementären Gegenbegriffs*[40], welcher als dessen Negation *antithetischen Charakter* hat.[41] Nun läßt sich zeigen, daß These und Antithese in einem *antinomischen Entsprechungsverhältnis* stehen, d.h. daß dem thetischen Begriff die Eigenschaft des antithetischen zukommt und daraus folgend nicht zukommt und wieder umgekehrt.[42] Der *dialektische Widerspruch* ist somit ein *antinomischer*, der, da seine kontradiktorischen Glieder beide begründet sind, von einer normalen Kontradiktion unterschieden werden muß. Es handelt sich nie um eine Kontradiktion auf einer *Reflexionsebene*. Es

---

[38] Vgl. WL. II, 561; Enz. I, 391.

[39] Ich möchte nicht näher darauf eingehen, wie dieser Anfang mit der Kategorie ‹Sein› inhaltlich begründet werden kann. Vgl. dazu WL. I, 65 ff; Wandschneider 1995, 50 ff.

[40] Eine Antithese ist so als komplementärer Gegensatz keine abstrakte Negation, sondern eine ihrerseits bestimmte Negation. Vgl. zur Bedeutung der bestimmten Negation Wandschneider 1995, 55. – Hegel bezeichnet dieses komplementäre Verhältnis auch als ein *spekulatives* (vgl. WL. I, 93 f.).

[41] Vgl. Wandschneider 1995, 55.

[42] Wandschneider zeigt dies für die von ihm vollzogenen dialektischen Schritte (vgl. Wandschneider 1995, 56, 77, 81, 85, 156 ff.).

sind immer pragmatische Schlüsse, die den jeweiligen antinomischen Umschlag der Eigenschaftsentsprechung bedingen.[43] Aus dem antinomischen Widerspruch kann von der Ebene der Begriffsentsprechung auf die Bedeutungsebene geschlossen werden,[44] sodaß sich die Antinomie dort wiederfindet. Die Bedeutungsgleichheit von These und Antithese muß nun, ebenso wie ihre Bedeutungsunterschiedenheit angenommen werden. Die Auflösung dieses Widerspruchs durch einen *synthetischen Begriff* erfolgt dann, indem die Bedeutung der synthetischen Kategorie aus der Antinomie gewonnen wird. So stellt der antinomische Widerspruch ein bestimmtes Verhältnis zweier Begriffe dar, welches zugleich die Bedeutung eines dritten Begriffs als eine neue Hinsicht, in der die Widerspruchsglieder vereinbar sind, konstituiert. Diese synthetische Bestimmung wird dann bei Wandschneider um eine 'explikative Kategorie' erweitert, welche die semantischen Bedingungen, unter denen die Synthese den antinomischen Widerspruch auflöst, expliziert.[45] Aus dieser explikativen Bestimmung kann dann durch Rückbezug auf den thetischen und den antithetischen Begriff wieder ein neues komplementäres Begriffspaar abgeleitet werden.[46] Mit dieser Methode lassen sich nun sukzessiv alle pragmatischen Voraussetzungen der logischen, mithin also die ganze Logik selbst, aufdecken.

---

[43] Vgl. Wandschneider 1995, 107.
[44] Wandschneider bemüht dabei eine eigens dafür angeführte Theorie antinomischer Strukturen. Ohne diese hier zu replizieren, möchte ich die Vermutung wagen, daß der Schluß von der Eigenschafts- auf die Bedeutungsebene auch dadurch gerechtfertigt werden kann, daß von ein und demselben Begriff ja eine Entsprechung wie auch eine Nichtentsprechung mit einem identischen anderen Begriff gezeigt wird. Daraus allein folgt schon für die Bedeutung jenes anderen Begriffs, daß dessen Bedeutung sich nicht selbst entsprechen kann (‹B› = ‹Nicht-‹B›-entsprechend›, vgl. Wandschneider 1995, 57).
[45] Vgl. Wandschneider 1995, 71 ff.
[46] Daß Wandschneiders Dialektik neben der Synthese als vierten Begriff eines dialektischen Zyklus eine explikative Kategorie kennt, lasse ich für die folgenden Überlegungen in Verbindung mit der Dialektik außer acht. Auch diese explikative Kategorie hat jedenfalls eine synthetische Funktion und kann insofern als ein Teil der Synthese verstanden werden.

4. Die 'absolute Idee'

Die dialektische Entwicklung von Kategorien stellt nun nach Hegel keinen infiniten Regreß (bzw. Progreß) dar, sondern sie läßt sich abschließen. Das heißt jedoch auch, daß es so etwas, wie eine *Abschlußkategorie* in der Logik geben muß. Diese Abschlußkategorie bildet in Hegels 'Wissenschaft der Logik' die *'absolute Idee'*, die er wie folgt charakterisiert:

> „Es ist von der Idee zum Schlusse nur noch dies zu erwähnen, daß in ihr *erstlich* die *logische Wissenschaft* ihren eigenen Begriff erfaßt hat. Bei dem *Sein*, dem Anfange ihres *Inhalts* erscheint ihr Begriff als ein demselben äußerliches Wissen in subjektiver Reflexion. In der Idee des absoluten Erkennens aber ist er zu ihrem eigenen Inhalte geworden. Sie ist selbst der reine Begriff, der sich zum Gegenstand hat und der, indem er sich als Gegenstand [habend] die Totalität seiner Bestimmungen durchläuft, sich zum Ganzen seiner Realität, zum Systeme der Wissenschaft ausbildet und damit schließt, dies Begreifen seiner selbst zu erfassen, somit seine eigene Stellung als Inhalt und Gegenstand aufzuheben und den Begriff der Wissenschaft zu erkennen" (WL. II, 572).

An dieser Stelle muß dann das logische System *vollständige Kohärenz* erreicht haben, sodaß *jede Kategorie durch alle anderen gestützt* wird. Die 'absolute Idee' ist nun diejenige Kategorie, die das *ganze System der Logik* in kategorialer Form repräsentiert; insofern hat die Logik sich hier selbst in einen Begriff gefaßt und somit begriffen. Dies ist dann zugleich eine Begründung der ganzen Logik, denn der Begriff der Logik wurde damit ja kategorial als notwendig erwiesen.[47] Dies wäre dann auch zugleich als Begründung des ontologischen Status der Logik anzusehen.

In der 'absoluten Idee' findet sich nun auch die Notwendigkeit, die Logik immer schon voraussetzen zu müssen, begründet. Die *Rekonstruktion* der Logik war ja in Kapitel I.3 als ein systematisches Zurückverfolgen von logisch-pragmatischen Voraussetzungen logischer Begriffe charakterisiert worden. Ist nun die Idee der Logik selbst der Abschluß dieses Aufspürens von Bedingungen, so heißt das doch nicht anderes, als daß die Entsprechung dieses Begriffs

---

[47] Hegel sieht in der Kategorie der 'absoluten Idee', indem diese für das System selbst steht, zugleich den Zusammenhang des Systems darin repräsentiert. So finden sich seine Überlegungen zur *'Methode'* der logischen Begriffskonstitution, also zur Dialektik in diesem Kapitel (vgl. WL. II, 550 ff.; Enz. I. 389 ff.).

der Logik, also das gesamte System der Logik, eben die *letzte Bedingung* begrifflichen Seins ist.

Diese Überlegungen – zusammen mit den Überlegungen zur Dialektik in Kapitel I.3 – zeigen nun zumindest, daß ein geschlossenes logisches System möglich ist. Daß sich die Kategorie der 'absoluten Idee' auch wirklich notwendig bei einer Rekonstruktion der Logik ergibt, kann ich hier selbstverständlich nicht zeigen. Vielmehr möchte ich nun den Bereich der Logik verlassen und, zum eigentlichen Thema kommend, zeigen, wie sich Hegels Naturphilosophie aus diesen logischen Überlegungen ergibt. Wenn sich auch bis hierhin nicht alle Thesen, die im folgenden als Prämissen fungieren werden, als vollends letztbegründbar erwiesen, so hoffe ich doch, zumindest eine gewisse Plausibilität (im Sinne des in Anm. 1, S. 10 angegeben Verständnisses dieses Begriffes) gezeigt zu haben. Es wurde (a) gezeigt, daß die Ableitung des Systems der Logik auf keine pathologischen Argumentationsstruktur (wie z.B. das Münchhausentrilemma) rekurriert und, daß es (b) einen eindeutigen Weg zur Rekonstruktion der Logik gibt; eben die Dialektik.

II. Der Übergang der Logik in die Natur

Nachdem nunmehr die logischen Prämissen bekannt sind, soll in diesem Kapitel der *Grundbegriff* der Natur in Hegels System thematisiert werden. Es wird somit der Gedanke Hegels, aus dem *reinen Denken* die *Natur* erschließen zu können, beleuchtet werden. In der *Naturphilosophie* versucht Hegel das Sein der Natur zu begründen und sodann ihre Entwicklung auf rein begrifflicher Ebene nachzuvollziehen. Dazu bedarf es jedoch zunächst eines Begriffs der 'Natur'. Dieser Begriff muß aus der Logik gewonnen werden, denn die Logik stellt, wie gesagt, diejenige Instanz dar, deren Strukturen für die gesamte Wirklichkeit – und mithin auch für die Natur – bestimmend sind. Der Begriff der 'Natur' darf hier keineswegs vorausgesetzt werden. Vom empirischen Faktum der Existenz der Natur auszugehen, und diese dann in ein philosophisches System einzubauen, ist unzulässig. Vielmehr muß sich aus der Philosophie die *Idee der Natur* ergeben. Daß sich etwas aus der Philosophie ergibt, heißt jedoch in Hegelschem Verständnis, daß es sich aus der Logik ergibt, denn die ist ja das letzte Prinzip der Philosophie. Dieser Gedankengang findet sich in Kapitel II.1. Damit ist die Natur nun wesentlich logisch bestimmt. Daß heißt jedoch im Grunde, daß sie selbst etwas Ideelles ist; nur eben in einer anderen Form von Idealität. Wie das zu verstehen ist, werde ich in Kapitel II.2 verdeutlichen, wo ich dann auch auf andere Auffassungen zum Verhältnis von Logik und Natur bei Hegel eingehen werde. Aus diesen Überlegungen resultiert schließlich eine extrem kontraintuitive Auffassung der Natur. Es leuchtet zum Beispiel sicher nicht unmittelbar ein, daß die uns umgebenden materiellen Gegenstände im Grunde ideell sind. Dieses erkenntnisbezogene Problem soll in Kapitel II.3 als ein Scheinproblem entlarvt werden. Abschließend werde ich in Kapitel II.4 noch den von Hegel selbst in diesem Zusammenhang diskutierten Begriff des Zufalls thematisieren. Denn wenn die Natur zufällig ist, so widerspricht das nach herkömmlichem Verständnis des Begriffs 'Zufall', dem vorher gesagten.

1. Der dialektische Übergang der Logik in die Natur

Hegels Ausführungen zum *Übergang der Logik in die Natur* lassen sich in mehreren Hinsichten analysieren. Eine erste Hinsicht ist die folgende: Wie ist der Übergang von der Logik in die Natur zu *begründen*? Warum sollte die zu ihrer Existenz keines weiteren Seins bedürfende, sich selbst konstituierende und in sich geschlossene Logik gewissermaßen ihre innere Perfektion aufsprengen und in die Natur übergehen?

Bezüglich dieser Frage nach der *Begründung des Übergangs* finden sich bei Hegel am Ende der 'Wissenschaft der Logik' folgende Ausführungen:

> „Weil die reine Idee des Erkennens insofern in die Subjektivität eingeschlossen ist, ist sie *Trieb*, diese aufzuheben, und die reine Wahrheit wird als letztes Resultat auch der *Anfang einer anderen Sphäre und Wissenschaft*. [...] Indem die Idee sich nämlich als absolute *Einheit* des reinen Begriffs und seiner Realität setzt, somit in die Unmittelbarkeit des *Seins* zusammennimmt, so ist sie als die Totalität in dieser Form – *Natur*" (WL. II, 572 f.).[48]

Hegels Argument dafür, daß es einen Übergang der Logik in eine 'andere Sphäre' geben muß, ist hier das folgende: Indem die Logik als Ganze mittels des Begriffs der absoluten Idee sich selbst denkt, ist sie rein auf sich selbst bezogen. Damit hat die Logik sich selbst als *subjektiv* bestimmt. Diese Subjektivität muß nun nach Hegel aufgehoben werden. Hegel drückt diese Notwendigkeit der Aufhebung der Subjektivität der selbstbezüglichen Idee metaphorisch als 'Trieb' aus. R.H. Horstmann faßt diesen Gedanken genauer: Hegel verwendet

> „den für die Logik und besonders für die logische Idee konstitutiven Begriff der Subjektivität selbst zur Rechtfertigung des Übergangs [...]. Folgt man diesem Hinweis, so muß man annehmen, daß Hegel mit der Vorstellung gespielt hat, den für die logische Idee bestimmenden Begriff der übergreifenden Subjektivität selbst wieder als einen Fall von einseitiger Subjektivität darstellen zu können, der der Objektivität und damit der Äußerlichkeit bedarf, um der der logischen Idee eigentümlichen Struktur gerecht zu werden" (Horstmann 1986, 303).

Mit der Subjektivität der selbstbezüglichen Idee ist aus logischen Gründen zugleich die Notwendigkeit einer objektiven Sphäre mitgegeben. Hegels Begriff der Subjektivität in der 'Logik' zieht ja eben-

---

[48] Vgl. auch Enz. I, 393.

falls dialektisch den Begriff der Objektivität nach sich.[49] Ebenso muß also die als subjektiv bestimmte Gesamtheit der Logik ein objektives Moment implizieren.

Eine die Gesamtheit der Logik also solche betrachtende Konzeption des Übergangs derselben in die Natur findet sich bei Wandschneider und Hösle:[50]

> „Eine aus der Verfaßtheit der logischen Idee hergeleitete *Deutung* läßt sich offenbar gewinnen, wenn der *dialektische* Charakter des Logischen berücksichtigt wird. Daß damit kein äußerlicher Gesichtspunkt an die Idee herangetragen wird, ergibt sich daraus, daß diese selbst sich in ihrer Vollendung als absolute Idee wesentlich als dialektisch bestimmt findet. Indem das Dialektische damit als konstitutiv hervortritt, wird die Form der *dialektischen Trias* zugleich *für sie selbst verbindlich*, d.h. Idee kann sie nur in dialektischer Entgegensetzung gegen 'ihr Anderes' [...] sein" (Wandschneider/ Hösle 1983, 176).[51]

Indem somit die Logik im Begriff der 'absoluten Idee' sich selbst als jenes perfekte, in sich geschlossene System bestimmt, konstituiert es zugleich *sein komplementäres Gegenstück*.

Man wäre nun natürlich geneigt anzunehmen, daß dieses Gegenstück der 'absoluten Idee' selbst auch von der Art logischer Begriffe ist. Es handelt sich dabei ja schließlich um das Resultat des begrifflich motivierten Übergangs eines Begriffs. Die Logik ist immerhin voller solcher Übergänge, bei denen logische Begriffe nach Maßgabe dialektischer Strukturen die wiederum begrifflichen Bedingungen ihres logischen Seins aufdecken.

Die zweite Frage ist nun, warum der Übergang der Logik in die Natur eine neue Sphäre des Seins begründet. Bei Hegel findet sich nun ein Argument dafür, daß es sich bei diesem Übergang um einen Übergang von völlig anderer Art handeln muß:

> „Diese Bestimmung ist aber nicht ein *Gewordensein* und *Übergang*, wie (nach oben) der subjektive Begriff in seiner Totalität zur *Objektivität*, auch der *subjektive Zweck* zum *Leben* wird. Die reine Idee in welcher die Bestimmtheit oder Realität des Begriffs selbst zum Begriffe erhoben ist, ist vielmehr die *absolute Befreiung*, für welche keine unmittelbare Bestimmung mehr ist, die nicht ebensosehr gesetzt und der

---

[49] Vgl. dazu WL. II, 401.
[50] Hierbei handelt es sich um einen Ausbau der Hegelschen Argumentation und nicht um eine Interpretation. Das ist jedoch unproblematisch, da sich die Überlegungen Wandschneiders und Hösles nahtlos in Hegels Konzeption einfügen.
[51] Vgl. auch Wandschneider 1985, 344 f., Wandscheider 1990, 28.

Begriff ist; in dieser Freiheit findet daher kein Übergang statt; das einfache Sein, zu dem sich die Idee bestimmt, bleibt ihr vollkommen durchsichtig und ist der in seiner Bestimmung bei sich selbst bleibende Begriff" (WL. II, 573).

Hier finden wir Hegels Begründung dafür, daß es ein Übergang in ein 'Anderes der Logik' sein muß. Es handelt sich beim Resultat dieses Übergangs der 'absoluten Idee' nicht mehr um ein erneutes Aufspüren weiterer begrifflicher Bedingungen der vorausgesetzten Kategorie. Ein solcher innerlogischer Übergang in eine begriffliche Bedingung, wie er in den von Hegel erwähnten Beispielen stattfindet (z.B. der Übergang vom Begriff des 'subjektiven Zwecks' zum Begriff des 'Lebens') würde zu einem Widerspruch führen. Es widerspricht nach Hegel der *Freiheit der Logik*. 'Frei' ist die Logik in Hegels Terminologie durch ihre *Absolutheit*, denn als Absolutes ist die Logik durch nichts bedingt, außer durch sich selbst. Zum *Absoluten* wird die Logik, wie wir gesehen haben, indem sie sich durch die 'absolute Idee' kategorial abschließt. Würde nun die 'absolute Idee' in einen anderen logischen Begriff übergehen, so würde das der Abgeschlossenheit widersprechen. Die 'absolute Idee' als kategorialer Repräsentant des systematischen Zusammenhangs aller logischen Begriffe hätte ja damit eine weitere begriffliche Voraussetzung. Mit der Abgeschlossenheit der Logik ist somit die Existenz weiterer logischer Kategorien ausgeschlossen. Damit kann es dann auch keine weiteren Übergänge von der Art logischer Übergänge geben.[52]

Obschon das Resultat des Übergangs der Logik in die Natur somit nicht mehr eine logische Kategorie ist, handelt es sich nach Hegel dennoch um etwas Logisches. Er bestimmt dieses Resultat als für die Idee 'vollkommen durchsichtig'. Das wirft die Frage auf, inwiefern die Natur damit als logisch bestimmt wurde. Diese Frage soll nun im nächsten Kapitel diskutiert werden.

---

[52] Wandschneider spricht in diesem Zusammenhang von einer Selbstüberschreitung der Logik: „Hat nämlich die logische Entwicklung in der Bestimmung der absoluten Idee ihre Vollendung erreicht, dann können darüberhinaus keine neuen logischen Bestimmungen dialektisch generiert werden. Eben darum impliziert die dialektische Diremtion der Idee notwendig deren *Selbstüberschreitung*" (Wandschneider 1985, 345).

2. Der ideelle Charakter der Natur

Bislang wissen wir somit, warum die Logik notwendig an ihrem Ende einen Übergang hat: aus dialektischen Gründen, also aus Gründen, die sich aus ihrer eigenen Selbstbestimmung als Absolutes ableiten. Außerdem wissen wir, daß dieser Übergang nicht von der Art logischer Übergänge ist und daß das Resultat des Übergangs keine logische Kategorie, aber dennoch etwas Logisches ist. Diese Frage nach dem Resultat des Übergangs ist aber nun im Grunde eine Frage nach der *Bestimmung der Natur*, also nach dem Naturbegriff, der sich unmittelbar aus den Überlegungen zum Übergang der Logik in die Natur ergibt.

Ich möchte nun drei mögliche Positionen anführen, die hier vertreten werden können und die zugleich drei mögliche Interpretationen der Überlegungen Hegels zu diesem Punkt darstellen. Zentral ist dabei die Unterscheidung zwischen *Naturbegriffen* und *Naturdingen*. Naturbegriffe stellen als intensionale Sphäre Bedeutungen dar, während Naturdinge den Bereich der Gegenstände darstellen, auf welche diese Bedeutungen zutreffen.[53] Folgende Positionen lassen sich nun anführen:

(1) Naturbegriff und Naturding sind *identisch*. Das Resultat des Übergangs der Logik ist somit die *Logik selbst*; nur eben in einer anderen Form. Diese andere Form ist die Möglichkeit der logischen Kategorien, auch ihr Gegenteil zu sein.

(2) Naturdinge sind als das Gegenteil der Logik *vollkommen alogisch*. Von daher lassen sie sich auch nicht vollständig begrifflich fassen.

(3) Der Übergang der Logik ist ein *Übergang zu Naturbegriffen*. Diesen Naturbegriffen entsprechen Naturdinge.

Ich werde die genannten Positionen nun anhand ihrer Vertreter diskutieren. Ausgespart habe dabei im übrigen solche Positionen, die schon der Logik selbst keinen ontologischen Status zuweisen.[54] Zum einen ist eine solche Sichtweise in Kapitel I bereits als eine sicherlich nicht stichhaltige Hegelinterpretation ausgewiesen worden. Zum anderen stellt sich das Problem eines Übergangs in die Natur bei der Annahme einer Logik ohne ontologischen Status natürlich

---

[53] Wandschneider bezeichnet dies auch als die Unterscheidung von Wesen (Naturbegriff) und Erscheinung (Naturding). Vgl. dazu Wandschneider 1985, 349.
[54] Vgl. z.B. Burkhardt 1993, 494 Anm. 181, 495.

auf eine völlig andere und viel unspektakulärere Weise. Schließlich steht dann ja nicht die Natur selbst zu Disposition. Der Übergang ist damit keinesfalls ein Übergang in die real existierende Natur.[55] Vielmehr handelt es sich lediglich um z.B. rein erkenntnisbezogene Fragen.[56] Insofern würde die Diskussion derartiger Auffassungen hier herzlich wenig zum Thema beitragen.

(1) Die erste Position scheint mir im wesentlichen Hegels Ausführungen zu entsprechen:

> „Das Übergehen ist also hier vielmehr so zu fassen, daß die Idee sich selbst *frei entläßt*, ihrer absolut sicher und in sich ruhend. Um dieser Freiheit willen ist die *Form ihrer Bestimmtheit* ebenso schlechthin frei, – absolut für sich selbst ohne Subjektivität seiende *Äußerlichkeit des Raums und der Zeit*" (WL. II, 573).

Hegel bestimmt hier sowohl den Übergang der Logik als auch das Resultat desselben als etwas vollkommen logisches. Wesentlich ist hier der Ausdruck '*frei entlassen*'. Damit ist die *Absolutheit der Logik* als zentrales Moment des Übergangs namhaft gemacht. Denn Freiheit meint bei Hegel, wie erwähnt, Unabhängigkeit von anderem und damit *absolute Selbstdetermination*, welche nur der Logik zukommt.[57] Ein weiterer zentraler Punkt ist der, daß die Idee '*sich selbst*' frei entläßt. Es handelt sich also um einen Übergang der Logik selbst. Was auch immer Resultat dieses Übergangs ist, es muß jedenfalls auch Logik sein; nur eben in einem anderen Modus.[58] Daß die Logik sich selbst 'frei entläßt' heißt damit nicht, daß sie in irgend einer Form aus sich heraustritt, den Bereich des Logischen also verläßt und zu einer Sphäre des Alogischen übergeht. Vielmehr ist nach Hegels Ausführungen 'um der Freiheit der Logik willen' die '*Form*' des Übergangsresultats ebenfalls 'frei', also ebenfalls logisch. Die Form der Natur muß also als logisch gedacht werden. Was dem

---

[55] So hat nach Burkhardt „die ontologische Frage nach der wirklichen Existenz [der Natur] mit dem Vorgang des Sich-Entschließens bzw. Sich-frei-Entlassens der Idee überhaupt nichts zu tun" (1993, 503).
[56] Vgl. Burkhardt 1993, 503.
[57] Vgl. auch Kap. II.1.
[58] Diese Interpretation der Textstelle aus der 'Wissenschaft der Logik' bestätigt sich auch bei einem Blick auf Hegels Ausführungen in der Enzyklopädie. Dort heißt es im letzten Satz der Logik: „Nunmehr haben wir die *Idee* als *Sein*; diese Seiende Idee aber ist die *Natur*" (Enz. I, 393 Zus.). Auch hier findet sich also eine Identifikation von Idee und Natur in bezug auf das Sein derselben.

Resultat des Übergangs jedoch fehlt, ist die 'Subjektivität', also die Reflexivität des Begriffs.[59]

Es finden sich nun in der Naturphilosophie noch weitere Stellen, welche die Natur als ein gewissermaßen aus Logik bestehendes Sein charakterisieren. Zentral ist hierbei die Stelle, wo Hegel den 'Begriff der Natur' klärt:

> „Die Natur hat sich als die Idee in der Form des *Andersseins* ergeben. Da die *Idee* so als das Negative ihrer selbst oder *sich äußerlich* ist, so ist die Natur nicht äußerlich nur relativ gegen diese Idee (und gegen die subjektive Existenz derselben, den Geist), sondern die *Äußerlichkeit* macht die Bestimmung aus, in welcher sie als Natur ist" (Enz. II, 24).

Hier bestimmt Hegel die *Natur als Idee*. Obschon die Natur als die '*Idee in der Form des Anderseins*' bestimmt ist, ist sie damit als eine *Form des Ideellen* bestimmt worden: Die Natur ist zwar 'die Idee als das Negative ihrer selbst', aber auch als solches ist es die Idee, welche 'als Natur ist'. Das Moment der *Äußerlichkeit* und *Andersheit* der Natur in ihrem Verhältnis zur Idee betrifft somit die Art und Weise, wie die Natur strukturiert ist.[60] Äußerlichkeit und Andersheit meinen jedoch nicht, daß die Natur etwas anderes als die Idee ist.

Hegel bezeichnet in seiner Argumentation bezüglich des Übergangs von der Logik zur Natur in § 244 diesen nicht nur als Beweis dafür, daß es notwendig eine Natur geben muß, sondern sogar als deren 'Erschaffung'.[61] Ein solche, religiös-metaphorische Beschreibung des Übergangs findet sich bei Hegel häufiger.[62] Die dabei verwendete religiöse Metapher läßt sich jedoch hier recht einfach auflösen: Unter dem Gesichtspunkt, daß Hegel 'Gott' und 'Idee' identifiziert, lassen sich diese metaphorischen Beschreibungen ebenfalls als sachbezogene Aussagen interpretieren. Zudem weicht die Meta-

---

[59] R.W. Meyer interpretiert dieses Moment der fehlenden Subjektivität im Resultat des Übergangs als „*Nicht-Form*" (Meyer, 1976, 68). Mit Subjektivität meint Hegel jedoch 'Bezogenheit auf sich selbst' (vgl. Enz I, 311). Die Abwesenheit dieser Form bedeutet noch nicht das Fehlen von Form schlechthin. Es heißt lediglich, daß die bestimmte reflexive Form der Subjektivität nicht vorliegt. – Für Meyer werden dann folgerichtig Hegels Aussagen paradox, wenn Hegel dann andererseits der Natur doch Formen zuspricht (vgl. Meyer 1976, 68).

[60] Wie dieses 'Anderssein der Idee' als Struktur der Natur zu begreifen ist, wird in Kapitel IV dargestellt. – Die ebenfalls von Hegel erwähnte Äußerlichkeit der Idee gegenüber dem subjektiven Geist ist Gegenstand von Kapitel III.3.

[61] Vgl. Enz. II, 10 Zus.

[62] Vgl. z.B. Enz. II, 23 ff.

phorik zuweilen einer Klarheit, welche diese Interpretationsmöglichkeit bestätigt:

„Gott ist Subjektivität, Tätigkeit, unendliche Aktuosität, worin das Andere nur momentan ist und an sich in der Einheit der Idee bleibt, weil es selbst diese Totalität der Idee ist. Ist die Natur die Idee in der Form des Andersseins, so ist, nach dem Begriffe der Idee, die Idee darin nicht, wie sie an und für sich ist, obgleich nichtsdestoweniger die Natur eine der Weisen der Idee ist, sich zu manifestieren, und darin vorkommen muß" (Enz. II, 25 Zus.).[63]

Natur wird auch hier wieder nicht nur in ihrer formalen Struktur als ideell bestimmt, sondern die Natur als solche wird als *eine der Weisen der Idee* angesehen, die in der Idee ein Moment derselben darstellt. Es muß also davon ausgegangen werden, daß Hegel auch das 'Materiehafte' und 'Feste' in der Natur letztlich als eine Form von Logik ansieht.[64]

Die Logik (in ihrer Form als Natur) muß also ebenfalls als das Resultat des Übergangs angesehen werden. Wie ist das nun zu verstehen? Ist es nicht gar ein Widerspruch? Wir haben ja oben (Kap II.1) bereits festgestellt, daß Übergang der Logik ein Anderes der Logik zum Resultat haben muß und eben nicht wiederum die Logik selbst. Dieser scheinbare Widerspruch läßt sich jedoch auflösen: Denn wenn Logik das Absolute ist, dann ist damit implizit auch angenommen, daß es *vollkommen Alogisches* gar nicht geben kann. Dieses Alogische wäre ja als ein von der Logik unabhängiges bestimmt. Diese Unabhängigkeit widerspricht jedoch der Absolutheit des Logi-

---

[63] Daß es sich dabei um einen Teil des Zusatzes (hier abgekürzt als 'Zus.') handelt, heißt, daß der Text nicht unbedingt von Hegel selbst verfaßt worden ist, sondern Vorlesungsmitschriften, u.ä. entnommen ist. Dennoch handelt es sich um Inhalte, die eindeutig auf Hegels Gedanken zurückgehen. Zur Entstehung der Zusätze in der Naturphilosophie (Enz. II) vgl. Enz. III, 427 ff. – Neben der Enzyklopädie werde ich ohnehin eine Vorlesungsmitschrift von einer Naturphilosophievorlesung Hegels (vgl. NP.) zur Interpretation hinzuziehen. Von daher dürften sich etwaige Widersprüche im Text, die in der mangelnden Authentizität der Zusätze zu Hegels Enzyklopädie begründet liegen könnten, auf diesem Weg erkennen lassen. Ich werde von diesen Zusätzen recht unbedenklich Gebrauch machen. Dies tue ich vor allem auch deswegen, weil es hier letztlich um philosophische Fragen geht und nicht philologische Probleme.

[64] Die wohl deutlichste Identifikation von Logik und Natur als einer ihrer Formen bei Hegel ist die folgende: „Die Natur wird hier betrachtet als die verkörperte unmittelbare Idee, sie ist die Idee selbst" (NP. 6/ 32 f.).

schen. Denn Absolutheit heißt ja, daß es eben kein Anderes, welches vollkommen unabhängig ist, mehr geben kann.

Wenn es aber somit kein *kontradiktorisches Gegenstück* zur Logik gibt, was kann dann das 'Andere der Idee' noch sein? Das 'Andere der Idee' muß dann, was ja ohnehin bereits Resultat der Überlegungen zur Dialektik (Kap. I.3) war, als das *komplementäre Gegenstück* zur Logik aufgefaßt werden. Es ist also nicht die unbestimmte, völlig alogische Negation der Logik, sondern das *logisch bestimmte Andere der Idee*. Dies läßt sich wie folgt fassen: Natur ist das aus Logik gemachte, was aber nicht selbst wieder die Logik als Logik ist, sondern eben Logik in einer anderen – immer noch logischen – Form.[65] Ein wesentliches Moment dieser anderen Form ist dann z.B., daß ihr die begriffliche Reflexivität der logischen Kategorien fehlt.

Die Natur muß somit als aus Logik entstanden gedacht werden. Diese Entstehung ist hier aber keineswegs zeitlich zu sehen. Vielmehr ist 'Zeit' selbst eine Naturkategorie und kann nicht auf das außernatürliche Verhältnis von Logik und Natur angewandt werden:[66]

> „Das Endliche [...] ist zeitlich, hat ein Vor und Nach; und wenn man das Endliche vor sich hat, so ist man in der Zeit. Es hat einen Anfang, aber keinen absoluten; seine Zeit fängt mit ihm an, und die Zeit ist nur des Endlichen. Die Philosophie ist zeitloses Begreifen, auch der Zeit und aller Dinge überhaupt, nach ihrer ewigen Bestimmung" (Enz. II, 26 Zus.).[67]

Die Entstehung der Natur aus der Logik ist nach Hegel vielmehr ein immerwährender Prozeß.[68] Insofern ist Natur als immer schon existierend zu denken und die Entstehung der Natur aus der Logik heißt lediglich, daß diese immer schon existierende Natur eine Form der Logik ist.[69]

---

[65] Zu diesem Ergebnis kommt auch Volkmann-Schlucks Analyse: „Das naturhafte Sein scheint als eine Möglichkeit der Idee in dieser selbst auf" (Volkmann-Schluck 1962, 43).

[66] Vgl. dazu auch Wandschneider 1989, 385 ff.

[67] 'Endlichkeit' ist bei Hegel als eine Bestimmung des Naturseins zu verstehen.

[68] Vgl. Enz. II, 26 Zus.

[69] Ganz im Gegensatz dazu sagt Hegel an anderer Stelle in der Naturphilosophie: „Spuren der Begriffsbestimmung werden sich allerdings bis in das Partikulärste hinein verfolgen, aber dieses sich nicht durch sie erschöpfen lassen" (Enz. II, 35). Dies ist jedoch wohl eher als eine Beschreibung des Nachvollzugs der begrifflichen Strukturen der Natur durch den menschlichen Geist zu sehen. Daß es für den Geist praktisch nicht möglich ist, alles in der Natur zu erken-

(2) Interpretiert man die zentrale Wendung '*frei entlassen*' anders, so kommt man zu einem völlig anderen Ergebnis, was das Resultat des Übergangs angeht. Eine solche andere Interpretation findet sich bei *H. Braun* und bei *B. Falkenburg*, die sich stark auf Brauns Analyse der Wendung 'frei entlassen' bezieht:

> „Dies 'freie Entlassen' der Idee in die Natur impliziert ganz fundamental, daß die Natur für die Idee ein freies, selbständiges Gegenüber darstellt, und ein Gegenstand des Denkens ist, der in seiner besonderen Bestimmtheit sowie in seinen einzelnen Begriffsbestimmungen nicht von der Idee erzeugt, sondern gerade von ihr frei gelassen wird" (Falkenburg 1987, 141).

Braun kommt zu dieser Interpretation des Hegelschen Ausdrucks 'frei entlassen', indem er neben dem Übergangsproblem weitere Textstellen bei Hegel untersucht, wo diese Wendung ebenfalls eine wesentliche Rolle spielt. In zwei Fällen verwendet Hegel die Wendung 'frei entlassen' nach Braun um je zwei '*freie, selbständige Gegenüber*' zu beschreiben:

(a) Beim gegenseitigen Anerkennen zweier Selbstbewußtseine muß jedes Selbstbewußtsein das andere 'frei entlassen', um es als ein *eigenständiges* Selbstbewußtsein anerkennen zu können. Damit kann es dann allererst auch durch dieses als freies Selbstbewußtsein anerkannt werden.[70]

(b) Beim Verhältnis von Organismus und anorganischer Natur, deren Verhältnis Hegel in der Logik im Zusammenhang mit dem Begriff des Lebens diskutiert, taucht ebenfalls die Wendung 'frei entlassen' auf.[71] Auch dieses Verhältnis interpretiert Braun als Unabhängigkeitsverhältnis. Als Grund für diese Unabhängigkeit gibt er an, daß sich der Organismus von seiner anorganischen Außenwelt unterscheiden müsse, um diese als etwas anderes, ihm entgegengesetzes sehen zu können.[72]

Braun interpretiert den Begriff 'Freiheit' bei Hegel nun im Sinne seiner Beispiele. 'Freiheit' bedeutet nach Braun nicht Absolutheit (im Sinne uneingeschränkter Gültigkeit für alle Seinsbereiche), son-

---

nen, heißt aber noch nicht, daß die Natur nicht vollends logisch ist. Diese Problematik wird in Kapitel III rethematisiert.
[70] Vgl. Braun 1968, 55 ff.
[71] Vgl. Enz. I, 375.
[72] Vgl. Braun 1968, 57 f.

dern vielmehr eine Freiheit, die dadurch, daß sie einen undurchdringlichen Gegensatz hat, erst frei wird:

> „Die absolute Freiheit der Idee beruht auf der absoluten Wahrheit ihrer selbst – als Methode, die ihrer absoluten Objektivität gewiss ist. Weil sie als Methode nur in dieser Weise der Gewissheit sein kann, so ist sie eben noch nicht die Wahrheit des Anderen, sondern nur ihrer selbst. Die Freiheit ist deshalb absolut, weil sie das Andere freilässt. Die Freiheit ist wesentlich Freiheit des Anderen" (Braun 1968, 63).

Daraus folgt dann nach Braun eine *Verhältnislosigkeit von Idee und Natur*. Die Naturdinge sind das vollkommen andere der Idee; gewissermaßen ihr *kontradiktorisches Gegenteil*. Daher lassen sich dann die Naturdinge auch nicht durch die Idee fassen:

> „Die spekulative Logik als 'erste Wissenschaft' muss und *kann* die Kontingenz von Raum und Zeit zulassen. Das der Idee unangemessen Bleibende der Äußerlichkeit ist nur nach 'vorwärts', also in Ausarbeitung der Naturphilosophie, zur Unwesentlichkeit herabzusetzen, kann aber nicht von 'rückwärts' aus der Wissenschaft der Logik, in ein Verhältnis der Abhängigkeit zum Erkennen gebracht werden" (Braun 1968, 64).

Nicht mehr die Logik ist es also, aus der die Naturphilosophie zu erwachsen hat, sondern die Natur muß – wohl aufgrund der von Braun angenommenen Verhältnislosigkeit ihrer Gegenstände – logikunabhängig erkannt werden. Das aber heißt, daß die *Natur nur rein naturwissenschaftlich* zu erkennen ist.

An diesem Punkt weicht Falkenburg nun von Brauns Auffassung ab. Zurecht kritisiert sie an Brauns Auffassung, daß damit die Idee einer Naturphilosophie ein sinnloses Unterfangen wäre. Die Bestimmungen der Naturphilosophie könnten dann allenfalls empirisch fundiert sein, denn Logik hat ja nach Braun für die Natur keine Relevanz mehr. Eine Naturphilosophie hätte dann z.B. keinerlei Aufgaben mehr, die nicht ebensogut von den Naturwissenschaften übernommen werden könnten.[73] Damit wäre sie aber im Grunde redundant. Falkenburg sieht nun in Abgrenzung zu Brauns Ansatz im Übergang der Idee zur Natur einen *Übergang aller Bestimmungen der Idee* in die Natur.

Das Ideelle soll sich nach Falkenburg in der Natur als 'Anschauen' realisieren.[74] 'Anschauen' ist dabei

---

[73] Vgl. Falkenburg 1987, 145.
[74] Hegel verwendet den Begriff 'Anschauung' im Zusammenhang des Übergangs der Idee zur Natur in der Enzyklopädie (vgl. Enz I., 393).

„im Anschluß an Kant als eine *Tätigkeit, durch die das Mannigfaltige der Natur in einer Einheit gegeben wird,* aufzufassen. Diese Tätigkeit ist für Hegel im Gegensatz zu Kant als *objektiv* und nicht als subjektiv bestimmt; ihr Subjekt ist die Idee oder das reine objektive Denken selbst. Die Idee 'schaut' also die Natur 'an' " (Falkenburg 1987, 149 f.).

Darüber hinaus ist die Idee zwar in der Natur enthalten, aber umgekehrt die Natur nicht in der Idee.[75] Dies resultiert aus der Kontingenz der Natur. Die Bestimmungen der Idee decken aufgrund der Kontingenz der Natur nicht deren gesamte Sphäre ab.[76] Die Natur wird also *von außen* von der Idee logifiziert, ist aber selbst nicht logisch sondern vielmehr eben das Gegenteil des Logischen. Die Natur ist bei Falkenburg somit letztlich das *kontradiktorische Gegenteil der Logik*. Die Idee schafft es nun einen Teil dieser unbestimmten Negation ihrer selbst logisch zu fassen, indem sie die Natur 'anschaut'. Dieser Teil der Natur bildet dann das komplementäre Gegenstück zur Logik ab.

Es lassen sich nun einige Kritikpunkte gegen die Position (2) richten, (i) was Brauns Interpretation der Hegelschen Wendung 'frei entlassen' angeht, (ii) bezüglich der kontradiktorischen Opposition von Logik und Natur und (iii) an Falkenburgs Konzept einer durch die Idee logifizierten Natur:

(i) Brauns Analyse der Wendung 'frei entlassen' ist weder hinreichend begründet, noch ist diese Begründung als stichhaltig zu bezeichnen. Nur weil Hegel die Wendung 'frei entlassen' auch in anderen Zusammenhängen benutzt hat, ist noch nicht darauf zu schließen, daß die Verwendung derselben auch einheitlich ist. Im Gegenteil ist aufgrund des kohärenten Zusammenhangs des Hegelschen Systems jedes der Teile gerade durch den Zusammenhang bestimmt, in dem es steht. Dies läßt sich aber vor allem auch an Brauns Beispielen demonstrieren, die tatsächlich einen völlig anderen Kontext im Vergleich zum Übergang der Logik in die Natur darstellen.

Da wäre zum einen (a) das *Verhältnis zweier Selbstbewußtseine.* Hier trifft Brauns Interpretation der Wendung 'frei entlassen' durchaus zu. Für die Freiheit eines Selbstbewußtseins ist nach Hegel die Anerkennung durch ein anderes Selbstbewußtsein erforder-

---

[75] Vgl. Falkenburg 1987, 151.
[76] Ob eine 'Kontingenz der Natur' nach Hegel wirklich in der Form vorliegt, wie das Falkenburg hier sieht, werde ich in Kapitel II.4 diskutieren.

lich.[77] Der Grund dafür ist, daß man ein anderes Selbstbewußtsein natürlich nur dann als frei anerkennen kann, wenn man eben davon ausgeht, daß es völlig selbständig ist. Das andere darf eben gerade nicht bloß von meinem Selbstbewußtsein hervorgebracht sein. Hierbei handelt es sich jedoch nicht um eine Verhältnislosigkeit, sondern Ziel des Ankennungsprozesses ist gerade das Verstehen des anderen; das 'Aufheben' von Unterschieden, um einen Hegelschen Terminus zu benutzen. Es handelt sich hier also um zwei Gleichartige (beides eben Selbstbewußtseine), welche durch die wechselseitige Anerkennung ihre implizite Gleichartigkeit zum Ausdruck bringen. Beim Übergang der Idee zur Natur darf dagegen von Gleichartigkeit keine Rede sein; schließlich ist die Idee das *Absolute* und die Natur bleibt bloß ihr *Anderes*. Brauns Interpretation des Verhältnisses von Selbstbewußtseinen bei Hegel ist somit zwar weitgehend korrekt, betrifft jedoch einen Sachverhalt, der mit dem Verhältnis von Logik und Natur nichts zu tun hat.

Etwas anders sieht es im Fall (b) des *Verhältnisses von Organismus und anorganischer Natur* aus. Die hier von Braun herangezogene Textstelle bei Hegel (Enz. I, § 219)[78] sagt keineswegs aus, daß die anorganische Außenwelt als völlig unabhängig vom Organismus zu verstehen ist. Im Zusatz zum § 219 sagt Hegel vielmehr, daß hierbei

„nicht [...] die Selbständigkeit der beiden Seiten, welche einander gegenüberstanden, aufgehoben ist, sondern das Lebendige erweist sich als übergreifend über sein Anderes, welches seiner Macht nicht zu widerstehen vermag" (Enz. I, 375 f. Zus.).

Insofern trifft Brauns Interpretation Hegels an dieser Stelle nicht zu. Der Organismus *entläßt* das Anorganische nur insofern *frei*, als dieses eine von ihm beherrschte Sphäre der Natur darstellt. Damit ist dieses Anorganische nun nicht das, was es als Natursein an sich ist, sondern es ist hier bloß als Relat des Organismus zu sehen. Es handelt sich nicht um die 'wirkliche' Außenwelt des Organismus, sondern um die von diesem gesehene. Die hier auftretende Bedeutung der Wendung 'frei entlassen' ist analog zum Verhältnis von Idee und Natur, so wie es unter Punkt (1) dargestellt wurde.

(ii) Ein weiterer Kritikpunkt an Brauns Auffassung findet sich bereits in Ansätzen bei Falkenburg. Er ist jedoch m.E. noch ausbaubar. Braun sieht, wie erwähnt, im 'freien Entlassen' der Idee in die

---

[77] Vgl. PhG. 146, Enz. III, 219 ff.
[78] Vgl. Braun 1968, 57.

Natur eine *Verhältnislosigkeit von Idee und Natur* gegeben. Falkenburgs Kritikpunkt daran war nun, daß der Übergang der Idee in die Natur zugleich ein Übergang aller Bestimmungen der Idee ist. Damit gibt es dann doch einen Bereich in der Natur, welcher ideell bestimmt ist. Dieser Kritikpunkt an Braun läßt sich nun präziser als Verwechslung von *komplementärem* und *kontradiktorischem Gegensatz* charakterisieren. Braun sieht die Natur als die völlig unbestimmte Negation der Logik. Diese Feststellung ist jedoch selbstwidersprüchlich. 'Verhältnislosigkeit' von Natur und Idee hieße ja, daß selbst das Verhältnis dieser Verhältnislosigkeit nicht konstatierbar wäre. Zudem wäre eine somit unbestimmte Natur als solche damit schon bestimmt.[79] Es fällt schwer anzunehmen, daß Hegel derart widersprüchliches mit seiner Wendung 'frei entlassen' meinte. Vielmehr verweist Hegels Naturphilosophie als Versuch einer begrifflichen Erfassung der Natur auf das genaue Gegenteil. Natur muß als das bestimmte Andere der Idee aufgefaßt werden.

Zugrunde liegt hier jeweils Brauns widersprüchliche Sichtweise von Hegels 'Freiheitsbegriff'. Er interpretiert Freiheit als 'Unabhängigkeit von anderem' im Sinne einer Verhältnislosigkeit. Diese Interpretation enthält jedoch, wie eben dargelegt, bei näherer Betrachtung einen Widerspruch. Verhältnislosigkeit ist eben selbst schon ein Verhältnis. Die Sichtweise von Freiheit als Absolutheit enthält diesen Widerspruch nicht. Hier bestimmt nur das Absolute sein Anderes und ist insofern frei von dessen Einfluß.

(iii) Mein dritter Kritikpunkt richtet sich nun gegen Falkenburgs Versuch einer Rettung von Brauns Interpretation der Natur als dem vollkommen Anderen der Logik. Sie interpretiert die Logifizierbarkeit der Natur, wie erwähnt, als '*Anschauen*' in einem Kantischen Sinne. Dabei wird aber nicht alles in der Natur von der Idee logifiziert, sondern es bleibt ein Rest Natur, der dem objektiven Denken der Logik nicht zugänglich ist. Damit konstituiert sie jedoch, was bei ihr ungesehen bleibt, ein *Ding an sich*. Zum einen ist nämlich die der Lo-

---

[79] Diese Argumentation mag sehr kleinlich erscheinen. Zudem hat sie das scheinbar unannehmbare Resultat, daß es soetwas wie Verhältnislosigkeit damit ja gar nicht geben könnte. Das trifft jedoch nur auf absolute Verhältnislosigkeit zu. Eben diese widerspricht sich, indem sie selbst ein Verhältnis darstellt. Eine relative Verhältnislosigkeit hingegen ist unproblematisch. Doch was bedeutet 'relative Verhältnislosigkeit'? Es bedeutet nicht anderes als 'bestimmte Verhältnislosigkeit' und bezeichnet somit ein komplementäres Gegensatzpaar.

gik zugängliche Natur bloß eine von der Logik angeschaute. Was die Natur *an sich* aber ist, läßt sich nicht sagen. Sie kann jedenfalls nicht die Idee sein, denn damit wäre die Natur nicht mehr als frei gegenüber der Idee bestimmt. Deswegen kann sie *an sich* dann auch nicht logisch sein. Zum anderen bleibt in der Natur ein Bereich, welcher der Idee nicht zugänglich ist. Denn die Idee ist ja nach Falkenburg in der Natur, nicht aber umgekehrt die Natur in der Idee. In dieser Sichtweise ist die Annahme eines Dinges an sich m.E. zwingend. Die Alternative wäre ja, daß es (a) den kontingenten, der Idee überhaupt nicht zugänglichen Teil der Natur gar nicht gibt und daß (b) die Natur an sich ist, was sie als durch die Idee angeschaute ist. Das wäre jedoch nicht mehr im Einklang mit Falkenburgs Position.

Die Annahme eines Dinges an sich ist nun aber in sich widersprüchlich. Ein Ding an sich bezeichnet ja einen Gegenstand, der dem Denken, und damit jeglicher Bestimmung, nicht zugänglich sein soll. Mit dieser Bestimmung als unbestimmbar ist er jedoch bereits bestimmt.[80] Als Intention Hegels dürfte die Auffassung Falkenburgs ebenfalls nicht in Frage kommen. Hegel wendet sich entschieden gegen die Annahme eines Dinges an sich.[81] Zudem richtet sich Hegel explizit gegen eine Position der Art, wie sie hier von Braun und Falkenburg vertreten wird. Er kritisiert in einem anderen Zusammenhang die Auffassung,

> „daß die Natur als ein Unerschaffenes, Ewiges, für sich selbständig Gott gegenüber vorgestellt wird. [... Dies ist] durch die Bestimmtheit der Natur, die Idee in ihrem Anderssein zu sein, entfernt und gänzlich beseitigt" (Enz. II, 26 Zus.)

(3) Eine konsequente Unterscheidung von Naturbegriff und Naturding findet sich bei Wandschneider. Während Falkenburg die Naturbegriffe bloß als eine durch die 'Brille der Idee' betrachtete Logifizierung der an sich äußeren Natur darstellt, haben diese bei Wandschneider einen eigenständigen ontologischen Status. Aus dem bereits in Kap. II.1 erwähnten dialektischen Übergang von der Logik zur Natur ergibt sich für Wandscheider die Bestimmung der Natur als *Nichtideelles*. Dieses Nichtideelle ist jedoch nicht etwa, wie z.B.

---

[80] Vgl. dazu auch das Argument Hösles (1990, 210), welches ich in Kapitel I.2 bereits diskutiert habe.
[81] Vgl. Enz. I, 119 Zus., 121, 123.

bei Falkenburg, schon vorauszusetzen, sondern die Existenz dieses Nichtideellen ist logikunabhängig nicht zu denken.[82] Natur erweist sich so als eine 'Gestalt des Logischen'.

Für Wandschneider stellt sich diesen Überlegungen nun aber der sogenannte *Metabasisvorwurf* entgegen. Dieser Vorwurf moniert, daß der Übergang von einem Ideellen in ein Nichtideelles ein unzulässiges Verbinden zweier ontologisch verschiedener Bereiche darstellt:

> „Man steht damit vor dem Dilemma, daß das dialektisch implizierte Nichtideelle entweder selbst nur eine ideelle Bestimmung ist und nicht reales Natursein, oder das Nichtideelle ist das reale Gegenteil des Ideellen, aber: Ist die Dialektik dann noch für den Übergang vom Ideellen zum Nichtideellen kompetent? Die dialektische Argumentation lieferte ein Nichtreales, und das Reale wäre umgekehrt nicht dialektisch begründbar" (Wandschneider 1990, 29).

Wandschneider wehrt nun dieses durch den Metabasisvorwurf drohende Dilemma mit dessen eigenen Waffen, nämlich *der Unterscheidung von Naturbegriff und Naturding*, ab. Er parallelisiert diese Unterscheidung mit der von Wesen und Erscheinung.[83] Damit verbunden ist die dazu orthogonal stehende Unterscheidung zweier Arten von Ideellem: Den sich selbst entsprechenden *homolog-ideellen* Kategorien der Logik und auf der anderen Seite den *heterolog-ideellen* Kategorien der Naturphilosophie, welche für von ihnen verschiedene Naturdinge stehen.

> „Mit dieser präzisierenden Unterscheidung kann auf den Metabasiseinwand [...] wie folgt geantwortet werden: Indem die dialektische Entwicklung von der *Kategorie* des Ideellen zur *Kategorie* des Nichtideellen führt, kann von einer illegitimen Metabasis nicht die Rede sein; die Dialektik verbleibt in der Sphäre des Ideellen" (Wandschneider 1990, 29).

Der Übergang der Logik in die Natur ist damit erst einmal bloß ein *Übergang von homologem Ideellem zu heterologem Ideellem*. Resultat des Übergangs ist die *Kategorie des Nichtideellen*. Wie aber kommt man nun von der Kategorie des Nichtideellen zum Nichtideellen selbst? Wandschneider sieht nun in der Notwendigkeit der Kategorie des Nichtideellen zugleich auch die notwendige Existenz des durch sie prädizierten real existierenden Nichtideellen gegeben.[84]

---

[82] Vgl. Wandschneider 1990, 28.
[83] Vgl. Wandschneider 1985, 349.
[84] Vgl. Wandschneider 1990, 29.

Insofern führt der Übergang der Logik in die Natur nur indirekt, quasi über den Umweg der '*Kategorie der Natur*' zur Natur selbst.

Die Natur selbst ist bei Wandschneider nun aber nicht, wie z.B. bei Falkenburg, als etwas an sich unlogisches verstanden, was lediglich durch die Idee logifizierbar wird. Vielmehr sieht Wandschneider das Nichtideelle selbst bereits 'vor aller Existenz' als durch die Logik bestimmt an. Die Logik ist die *Bedingung der Möglichkeit der Existenz* der Natur. Insofern ist die Natur auch vollkommen erkennbar. Die Vermeidung eines Unerkennbaren führt Wandschneider dann zur Ablehnung eines *Form-Materie* Konzepts. Eine Identifikation von Naturding mit Materie und Naturbegriff mit Form lehnt er strikt ab, weil damit ja das Naturding selbst als formlose Materie bestimmt wäre.[85] Diese formlose Materie wäre ja wieder ein unbestimmtes Ding an sich mit dem bekannten Widerspruch.

Zur Kritik der Wandschneiderschen Position läßt sich nun folgendes sagen: Mit der ontologischen Trennung von Naturbegriff und Naturding bleibt die *Herkunft des Naturdings* fraglich. Wandschneiders Argument ist, daß die notwendige Kategorie ‹Nichtideelles› auch notwendig eine reale Entsprechung haben muß. Dieses Argument halte ich auch durchaus für korrekt. Nur damit ist die eigentliche Frage nach dem realen Naturding noch nicht geklärt. Es ist nämlich bloß gezeigt, daß Naturdinge existieren, aber nicht, was sie sind. Ein erster Einwand hierzu wäre nun sicherlich, daß ja die Kategorie ‹Nichtideelles› selbst auch schon festlegt, was das Naturding ist. Doch dieser Einwand kann bei genauerer Betrachtung der Sachlage nur mittels Referenz in der *subjektiven Anschauung* aufrecht erhalten werden. Wenn wir keine anschauliche Vorstellung von dem, was der Kategorie ‹Nichtideelles› entspricht mehr zur Verfügung haben, bleibt das Nichtideelle selbst verborgen. Diese möglicherweise hier noch nicht unmittelbar einleuchtende Problematik, möchte ich nun noch etwas deutlicher machen:

Ein Nichtideelles ist ja erst einmal bloß als das Gegenteil von einem Ideellen, also rein begrifflich, bestimmt. Gehen wir nun einmal konsequent davon aus, daß uns unsere Anschauung nicht zur Verfügung steht. Wir stellen uns auf den Standpunkt der Logik und wissen bloß um deren ideelle Bedeutungen. Dann können wir damit ein Nichtideelles jedenfalls keinesfalls mit der uns aus der An-

---

[85] Vgl. Wandschneider 1990, 30 f.

schauung bekannten raum-zeitlichen Natur identifizieren. Wir sind vielmehr aufgefordert, eben diese *raum-zeitliche Natur rein begrifflich zugänglich zu machen*. Und genau das ist das Problem. Wenn wir den Begriff eines Nichtideellen eingesehen haben, dann haben wir erst einmal *nur* den Begriff. Wir dürfen nun nicht einfach in unserer Anschauung dessen Entsprechung suchen, denn unsere Anschauung muß, wie gesagt, außen vor bleiben. Damit stehen wir jedoch vor der problematischen Frage, wie dieser Begriff selbst zu seinem Gegenstand kommt. Das ist m.E. zugleich die eigentliche Frage nach Hegels Naturbegriff.

Naturbegriffe stellen *die Bedingung der Möglichkeit der Existenz* von Naturdingen dar. In Frage steht nun, wie man sich dieses Bedingungsverhältnis vorzustellen hat. Es wäre sicherlich falsch, Naturbegriffe als *kausalen Grund* der Natur zu bezeichnen; allein schon deswegen, weil Kausalität eine zeitliche Getrenntheit von Ursache und Wirkung voraussetzt, Zeit aber nur in der Natur, nicht aber im Verhältnis Naturbegriff-Naturding denkbar ist. Zudem wäre es – auch im Sinne des Metabasiseinwands – fraglich, wie etwas Ideelles etwas Reales kausal affizieren sollte. Eine weitere Möglichkeit wäre, Naturdinge als erst einmal unabhängig von der Logik anzusehen. Naturbegriffe könnte man dann, wie B. Falkenburg dies tut, als 'Anschauung der Natur durch die Idee' ansehen. Dies hätte jedoch, wie meine Analyse von Falkenburgs Ansatz weiter oben zeigt, die Annahme eines Dinges an sich zur Folge, gegen die sich Wandschneider zurecht vehement wehrt.[86] Bei Wandschneider fehlt also der zwingend zu fordernde rein begriffliche Übergang vom Naturbegriff zum Naturding. Dieser Übergang ist aber überhaupt nicht möglich, wenn Begriff und Ding strikt ontologisch getrennt sind. Denn wenn das Ding nicht Begriff ist, behält es immer einen nichtbegrifflichen und damit auch nicht begreifbaren Anteil.

Eine interessante Variante der Position Wandschneiders liefert *E.-O. Onnasch*. Onnasch sieht, von Wandschneiders Ansatz ausgehend, das zentrale Problem desselben und versucht dieses zu beseitigen. Dieses zentrale Problem ist das *Natursein*, welches ja nach Wandschneider einen durch die Naturbegriffe bedingten *notwendigen Sachverhalt* darstellt:

> „Was sich Wandschneider hier genau unter dem Ausdruck notwendiger Sachverhalt vorstellt, wird nicht klar. Ist damit etwa gemeint, daß

---

[86] Vgl. Wandschneider 1990, 30.

die Idee sich in ein Naturseiendes mit dinglicher Existenz entäußert? Wenn dies gemeint ist, dann stellt sich die Frage, wie ein nichtdingliches, ideelles Sein sich jemals zu einem dinglichen Sein machen kann. Ich sehe nicht, wie das möglich ist, denn dies hieße doch nichts anderes, als daß die Entäußerung der Idee als ein wirkliches Erzeugen der Naturwirklichkeit im Sinne der Schöpfung zu verstehen wäre" (Onnasch 1995, 7/ 10 ff.)

Gegen eine Interpretation des Übergangs der Logik in die Natur als 'göttliche Weltschöpfung' verwehrt sich Onnasch jedoch:

„Das System kann und will m.E. einzig und allein beanspruchen, das Absolute, wie es in Wirklichkeit immer schon *da* ist, philosophisch zu *rekonstruieren* und damit die Wahrheit, wie sie an und für sich wirklich ist, ans Licht zu bringen" (Onnasch 1995, 5/ 10 ff.).

Onnasch versucht dieses Problem des Naturseins nun zu lösen, indem er den Übergang der Logik in die Natur in einer m.E. sehr erkenntnistheoretischen Weise interpretiert. Der Logik gehen nach Onnasch die erkenntnistheoretischen Überlegungen, die Hegel in der 'Phänomenologie des Geistes' abgehandelt hat, voraus.[87] Diese Überlegungen haben zwar für die Logik keine begründende Funktion, stellen aber dennoch eine genetische Voraussetzung derselben dar. Diese Voraussetzung wird nun beim Übergang in die Natur als der Äußerlichkeit der Idee eingeholt:

„Weshalb diese Äußerlichkeit nun ausgerechnet die Natur ist und nicht irgend etwas anderes, kann m.E. nur von dem oben Gesagten her erklärt werden, nämlich daß das sinnliche Bewußtsein (oder die Vorstellung), das der Philosophie überhaupt vorhergeht, philosophisch noch nicht eingeholt ist" (Onnasch 1995, 9/ 1 ff.).

Damit ist jedoch die Entäußerung eine rein erkenntnismäßige.[88] Es handelt sich ja dann bloß noch um einen Übergang von Begriffen der Logik in Naturbegriffe. Das Natursein selbst, welches nach Onnasch bei Wandschneider ungeklärt bleibt, wird bei ihm zum *Ding an sich*.[89] Damit ist jedoch das, was bei Wandschneider nicht zu klä-

---

[87] Vgl. Onnasch 1995, 3 f.
[88] Dies ist der wesentliche Unterschied zu Wandschneiders Position. Bei Wandschneider hatten Naturbegriffe ja noch einen objektiven Status. Er interpretiert diese ja u.a. als Naturgesetze, die unabhängig vom menschlichen Denken existieren (vgl. z.B. Wandschneider 1990, 31). Bei Onnasch hingegen sehe ich nicht, wie er den begrifflichen Strukturen, wenn er sie bloß als Erkenntnisgegenstände betrachtet, einen objektiven Status zuschreiben will.
[89] Vgl. Onnasch 1995, 9/ 42; 14/ 7 ff.

ren war, bei Onnasch widersprüchlich, denn die Annahme eines Dinges an sich stellt, wie ich hier bereits mehrfach deutlich gemacht habe, eine Inkonsistenz dar.[90]

Wandschneider befindet sich durch den *ontologischen Dualismus von Naturbegriff und Naturding* in der aporetischen Situation, beide wieder zusammenbringen zu müssen, es aber nicht zu können. Dieser Dualismus war, wie wir gesehen haben, eine Konsequenz aus Wandschneiders Entkräftung des Metabasiseinwands. Kann man diesem Einwand nun auch ohne die Trennung von Naturding und Naturbegriff begegnen? Ich denke, daß dies ohne weiteres möglich ist, indem man, wie es unter Punkt (1) oben dargestellt wurde, *Naturdinge als etwas Ideelles* auffaßt. Man hat dann als Übergang der Idee in die Natur einen Übergang von einem Ideellen zu einem anderen Ideellen. Der Metabasiseinwand greift dann nicht mehr; das Problem stellt sich erst gar nicht. Zudem entfällt dann auch das Problem, das Verhältnis von Naturbegriffen und Naturdingen zu erklären, denn man begründet ja die Dinge selbst.

Dies ist nun, wie oben ausgeführt, die Position, von der ich denke, daß Hegel sie vertritt. Letztlich ist dieses Ergebnis hier jedoch nicht nur als eine Hegelinterpretation anzusehen, sondern ich denke, daß – natürlich immer unter Voraussetzung der in Kapitel I dargelegten Prämissen (z.B. die Absolutheit der Logik) – die Position (1) logisch zwingend ist. Die übrigen Möglichkeiten führen jeweils zu Aporien oder gar zu Widersprüchen. Insofern ist die Annahme der Idealität des Naturseins selbst unausweichlich.

Was sich bei der Annahme der Idealität der Natur nun jedoch als Problem ergibt, ist, daß wir uns ganz und gar nicht vorstellen können, daß die uns umgebende Natur etwas Ideelles sein soll. Sie scheint uns vielmehr alle die Eigenschaften zu haben, die eben ein

---

[90] Onnaschs Position wäre hier eigentlich unter Punkt (2) abzuhandeln gewesen. Sie ist m.E. in den wesentlichen Punkten identisch mit der Position Falkenburgs. Ich habe Onnaschs Ausführungen hier dennoch unter Punkt (3) dargestellt, da seine Überlegungen Wandschneiders Position zum Ausgangspunkt haben. Außerdem zeigt Onnaschs m.E. fehlgeschlagener Versuch, Wandschneiders Problem des Naturseins zu lösen, daß die Aufrechterhaltung der strikten Trennung von ideellem Naturbegriff und realem Natursein recht schnell zu Inkonsistenzen führt.

Nichtideelles ausmachen.⁹¹ Mit diesem Problem setzt sich nun das nächste Kapitel auseinander.

3. Erkenntnisbezogene Scheinprobleme des Übergangsarguments

Die Frage nach der nichtideellen Erscheinung stellt für Hegel im Grunde kein ernsthaftes Problem dar. Es taucht nirgendwo eine Stelle auf, wo er auf ein etwaiges Befremden eingeht, welche die Behauptung des ideellen Charakters der Natur ja womöglich auslösen könnte. Dies ist, wie wir sehr bald sehen werden, folgerichtig. Bereits im Anschluß an die im vorigen Kapitel unter Punkt (1) zitierte Hegelstelle (WL. II, 573) findet sich eine klare Trennung von subjektivem Herangehen an die Natur durch den menschlichen Geist und dem Verhältnis von Logik und Natur:

> „Insofern diese [die Idee als Resultat des Übergangs] nur nach der abstrakten Unmittelbarkeit des Seins ist und vom Bewußtsein gefaßt wird, ist sie als bloße Objektivität und äußerliches Leben; aber in der Idee bleibt sie an und für sich die Totalität des Begriffs und die Wissenschaft im Verhältnis des göttlichen Erkennens zur Natur" (WL. II, 573).

Hegel unterscheidet hier zwischen dem 'Auffassen der Natur durch das Bewußtsein' und dem 'göttlichen Erkennen' der Natur durch die Idee. Die vom Bewußtsein aufgefaßte Natur, womit das *empirische Erfassen* derselben gemeint ist, sieht die Natur als 'Objekt'. Die Natur wird so als ein Gegenstand gesehen, der sich widerständig gegen das wahrnehmende Subjekt verhält und nicht von diesem hervorgebracht wurde. Dieses wahrgenommene Objekt wird ferner von Hegel als 'äußerliches Leben' bestimmt. Das ist wohl als eine Anspielung auf Kants Konzept der '*inneren Zweckmäßigkeit*' zu verstehen. Nach Kant läßt sich Lebendiges von uns nur so betrachten, *als ob* es lebendig wäre. Den wahren Zusammenhang der Teile des lebendigen Organismus, seine innere Zweckmäßigkeit ist uns jedoch nie zugänglich.⁹² Hegel teilt diese Position bezüglich des Lebendigen zwar

---

[91] Das ist es wohl auch, was Wandschneiders Ansatz prima facie so plausibel macht. Unsere Anschauungsdaten über die Natur treffen genau die Vorstellung von einem Nichtideellen. Damit ist jedoch noch nicht gesagt, daß diese Daten auch korrekt sind.

[92] Vgl. dazu KU., 241 f., 247 f.

nicht,[93] bescheinigt hier jedoch dem empirischen Betrachten der Natur durch das Bewußtsein eine zwangsweise reduktionistische Sicht der Natur. D.h., daß sie uns als *empirischem Betrachter* nie ihren inneren Zusammenhang offenbart, sondern daß dieser bloß durch uns von 'außen' in die Natur hineingelegt wird. Der Begriff 'Leben' wäre demnach hier nicht bloß auf Organismen bezogen, sondern als Metapher für den allgemeinen Zusammenhang der Natur zu verstehen.

Abgegrenzt von dieser empirischen Sicht der Natur sieht Hegel dann die Natur selbst als 'Form der Idee', die in dieser 'an sich' die 'Totalität des Begriffs' darstellt. D.h., daß der Natur selbst die vom bloß betrachtenden Bewußtsein in sie hineingelegten Bestimmungen durchaus inhärieren. Zusätzlich gibt diese *ideelle Bestimmtheit* der Natur dann auch dem Geist die Möglichkeit die Natur wirklich – und nicht bloß in Form von der Natur äußerlichen Bestimmungen – zu erkennen. Wenn nämlich auch die Wissenschaft 'in der Idee bleibt', also nicht empirisch, sondern begrifflich denkend vorgeht, steht sie im 'Verhältnisse des göttlichen Erkennens zur Natur'. Es ist dem Bewußtsein dann also durch die Idee möglich, die aus dieser hervorgegangene Natur so zu erkennen, wie sie an sich ist.

Damit aber ist unsere Frage nach dem nichtideellen Schein der uns umgebenden Natur bereits beantwortet. Dieser Schein ist nichts objektives, sondern Produkt unserer Wahrnehmung. In der Naturphilosophie wiederholt sich dieser Gedanke:

> „Nur dem Bewußtsein, das selbst zuerst äußerlich und damit unmittelbar ist, d.i. dem sinnlichen *Bewußtsein*, erscheint die Natur als das Erste, Unmittelbare, Seiende" (Enz. II, 28).

Für uns als empirisch Wahrnehmende, die wir z.B. mit Augen, welche ja ebenfalls Naturgegenstände sind, die Natur perzipieren bleibt diese bloß außen. Wenn wir jedoch die Natur denkend erschließen, handelt es sich beim Ergebnis nicht mehr bloß um eine Relation von Wahrnehmungsorgan und wahrgenommenem Gegenstand, sondern wir können dann nach Hegel die Natur selbst erkennen. Grund dafür ist, daß wir uns dann das 'ideelle Material', aus dem die Natur besteht zum Gegenstand machen. Dieser Gegenstand ist dann nicht mehr fest, widerständig und nichtideell.

Hier taucht nun ein weiteres erkenntnisbezogenes Problem auf: Wenn die Natur selbst ideell ist, unsere Gedanken dies aber auch

---

[93] Auf Hegels Sicht des Lebendigen möchte ich hier nicht weiter eingehen.

sind und darüberhinaus noch das Ideelle in der Natur zu erfassen vermögen, wo bleibt dann der Unterschied zwischen der äußeren Natur und meinem Gedanken von der Natur? Hier muß eine wichtige Unterscheidung getroffen werden: Zu unterscheiden ist zwischen (a) dem *Übergang der Logik in die Natur*, und (b) dem *erkenntnismäßigen Nachvollzug dieses Übergangs* durch den Geist. In Fall (a) handelt es um die Entstehung der Natur – freilich in einem überzeitlichen Sinne. Die Logik bildet, wie in Kap. II.2 dargelegt die ideelle Grundlage des Realen. Beim Nachvollzug dieses Übergangs durch den Geist in Fall (b) sieht die Sachlage nun ganz anders aus. Zwar muß auch hier konstatiert werden, daß aus dem menschlichen Denken die Natur erwächst, diese Natur ist jedoch selbst nicht real, sondern vielmehr das *Abbild der Realität im menschlichen Geist*.

Man muß unterscheiden zwischen der *Logik als Logik* und dem *menschlichen Denken der Logik*. Der Gegenstand ist hier jeweils der gleiche, ebenso wie die Logik sich selbst zum Gegenstand hat, hat auch das menschliche Denken der Logik diese zum Gegenstand. Aber die Logik ist zugleich dieser Gegenstand als sie selbst, während der Geist, der sich auf diesen Gegenstand bezieht, nicht vollkommen *Logik als Logik* wird, sondern immer noch auch naturgebunden bleibt und insofern zugleich das *Andere der Logik* ist. So vollziehen sich z.B. logische Schlußfolgerungen für uns als denkende Naturwesen in der Zeit. Für die Logik selbst gibt es keine solche Zeitgebundenheit ihrer dialektischen Entwicklung. Wenn wir also logische Kategorien denken, so haben diese zwar einen Gegenstand, aber sie sind nicht zugleich dieser Gegenstand, sondern eben nur eine Erscheinungsform desselben im Geist.[94] Denken wir nun den Übergang der Logik in die Natur, so können unsere Gedanken, die

---

[94] Hegel drückt dies wie folgt aus: „In der Naturphilosophie faßt man einfache Charaktere, Merkmale auf, die nur eine subjektive Bedeutung haben. Sie sind nicht das Wichtigste, worin das Wesen des Dings enthalten ist, sondern ein einzelner Umstand. Diese Bestimmungen sind ganz subjektiv, aber wenn man von Kräften, Gesetzen spricht, so sind diese auch das Allgemeine; aber man meint zugleich, daß dies das Objektive, Wesentliche dieser Gegenstände selbst sei. Als Allgemeines ist es ein Gedachtes, Subjektives, aber die Allgemeinheit ist die Objektivität des Gegenstands" (NP. 7/ 12 ff.). Die Natur als Gegenstand des Bewußtseins in Form der Naturphilosophie ist insofern von der Natur selbst zu unterscheiden. Die Allgemeinen Bestimmungen der Naturphilosophie sind aber dennoch als logische Formen zugleich Grundlage des Seins der Natur.

ja nicht selbst die Logik sind, auch die Natur nicht erzeugen, sondern natürlich bloß Begriffe, die ihren Gegenstand in der Natur haben.[95]

Hier hat nun auch das Widerständige in der Natur seinen Ort. Der Naturgegenstand ist selbst natürlich ideell. Aber er stellt eine andere Art von Idealität dar, wie die Idealität, die unseren Gedanken zukommt.

> „Dadurch, daß wir die Dinge denken, machen wir sie zu etwas Allgemeinem; die Dinge sind aber einzelne, und der Löwe überhaupt existiert nicht. Wir machen sie zu einem Subjektiven, von uns Produzierten, uns Angehörigen, und zwar uns als Menschen Eigentümlichen; denn die Naturdinge denken nicht und sind keine Vorstellungen und Gedanken" (Enz. II, 16 Zus.).

Mit der hier getroffenen Unterscheidung von *objektivem Sein* der Natur und *subjektiver Wahrnehmung* (oder auch subjektivem Denken) derselben erweist sich der Einwand, die Natur sei doch etwas 'festes', 'widerständiges' als ein Scheinproblem. Wir haben gesehen, daß (i) die Natur nur für uns als ebenfalls naturbehaftete Wesen einen Widerstand darstellt, daß dies für die Logik jedoch nicht gelten muß. Insofern ist an dem Gedanken, die Natur sei selbst Logik, nichts widersprüchliches mehr. Weiter stellten wir fest, daß (ii) unsere Gedanken, die ja ebenfalls ideell sind und für das Commonsense-Verständnis das Modell des Ideellen schlechthin darstellen, von der Idealität der Natur streng zu unterscheiden sind.

Nun könnte man jedoch aus erkenntnistheoretischer Sicht entgegnen, daß mit der Trennung von Natur selbst und dem abbildhaften Gedanken der Natur das *Erkenntnisproblem* offen bleibe. Können wir so einfach sagen, daß unsere Begriffe der Natur zugleich auch ihrem Gegenstand, also der Natur selbst, entsprechen? Bisher hatten wir dieses Erkenntnisproblem nicht. Die ontologische Betrachtung der Logik (Kap. I.) lief nicht nur ohne erkenntnisbezogene Probleme ab, sondern schloß das Thematisieren der Erkennt-

---

[95] Die hier getroffene Unterscheidung von Naturgegenstand und gedachtem Begriff desselben ist nicht mit Wandschneiders Unterscheidung von Naturbegriff und Naturseiendem zu verwechseln. Wandschneiders Auffassung der Natur als gespalten in *begriffliches Wesen* und *reale Erscheinung* weist beidem einen ontologischen Status zu. Sowohl der Naturbegriff existiert als Ideelles, wie auch das Natursein als reale Erscheinung. Die von mir hier getroffene Unterscheidung ist folglich als Trennung von subjektivem Naturbegriff und objektiver Form des Naturseins eine völlig andere.

nis sogar als voraussetzungsbehaftet aus. Es zeigt sich nun recht schnell, daß die Sachlage hier nicht sehr viel anders ist. Der mögliche Einwand, daß unsere begriffliche Erkenntnis der Natur nicht mit dieser übereinstimmen könnte, erweist sich bei genaueren Hinsehen als unhaltbar. Der Begriff der Natur war ja Resultat der Überlegungen zur Logik. Diese ist jedoch in Kapitel I nicht nur als *ontologisch*, sondern auch als *letztbegründbar* bestimmt worden. Die aus der Logik folgenden Gedanken über die Natur müssen somit ebenfalls als *begründete* und damit *wahre Gedanken* angesehen werden. Der Einwand, daß sie ihrem Gegenstand möglicherweise nicht entsprächen widerspricht somit der Begründetheit der Logik.

4. Zufall als 'äußerliche Notwendigkeit'

Wenn nun die Natur als vollkommen logisch bestimmt ist, so stellt sich die Frage nach der *Rolle des Zufalls*. Wenn die Natur vollkommen als logisch bestimmt worden ist, was kann dann noch zufällig sein? Logische Bestimmtheit bedeutet ja vielmehr absolute Determiniertheit, während Zufälligkeit das Gegenteil davon ist. Hegel aber bestimmt die Natur u.a. auch als zufällig:

> „Die Natur zeigt [...] in ihrem Dasein keine Freiheit, sondern *Notwendigkeit* und *Zufälligkeit*" (Enz. II, 27).

Dies ist jedoch erst einmal eine Bestimmung der Natur als notwendig und zufällig in Abgrenzung zur Bestimmung der *Freiheit*, die der Natur nicht zukommt. Damit ist noch nicht behauptet, daß hier Zufall im Sinne von Indeterminiertheit gemeint ist. Ein nähere Erklärung zur eben zitierten Textstelle findet sich nun bei Hegel im Zusatz desselben Paragraphen:

> „Weil die Einheit der Natur eine Beziehung scheinbar Selbständiger ist, so ist die Natur nicht frei, sondern nur notwendig und zufällig. Denn Notwendigkeit ist Untrennbarkeit von Unterschiedenen, die noch gleichgültig erscheinen; daß aber die Abstraktion des Außersichseins auch zu ihrem Rechte kommt, ist die Zufälligkeit, die äußerliche Notwendigkeit, nicht die innere Notwendigkeit des Begriffs" (Enz. II, 30 Zus.).

Die erste nähere Bestimmung der Zufälligkeit ist die bereits oben auftauchende Abgrenzung derselben von der Freiheit. Diese Bestimmung kommt der Natur zu, weil sie als Negation der Idee eben nicht einen kohärenten Zusammenhang darstellt, sondern sich vielmehr als 'scheinbare Selbständigkeit' präsentiert. Das notwendige Moment der Natur ist dann nach Hegel, daß diese scheinbare Selbständigkeit dennoch einen Zusammenhang darstellt und im Grunde eine 'Untrennbarkeit von Unterschiedenen' ist. Dieser ideelle Zusammenhang der Natur ist jedoch nichts naturimmanentes, sondern etwas ihr äußerliches. Natur wird bloß von außen durch die Logik bestimmt; nicht aber durch die Natur selbst.

Eine weitere Ausführung dieses Gedankens findet sich noch an einer weiteren Stelle bei Hegel:

„Die Zufälligkeit und Bestimmbarkeit von außen hat in der Sphäre der Natur ihr Recht. Am größten ist diese Zufälligkeit im reiche der konkreten Gebilde, die aber als Naturdinge zugleich nur *unmittelbar* konkret sind. Das *unmittelbar* Konkrete nämlich ist eine Menge von Eigenschaften, die außereinander und mehr oder weniger gleichgültig gegeneinander sind, gegen die eben darum die einfache für sich seiende Subjektivität ebenfalls gleichgültig ist und sie äußerlicher, somit zufälliger Bestimmung überläßt. Es ist die *Ohnmacht* der Natur, die Begriffsbestimmungen nur abstrakt zu erhalten und die Ausführung des Besonderen äußerer Bestimmbarkeit zu überlassen" (Enz. II, 34).

Die Zufälligkeit der 'konkreten Gebilde' sieht Hegel hier darin, daß sie 'gleichgültig gegeneinander sind'. Diese Gebilde haben also keine bewußte Beziehungen zueinander. Ebenso fehlt ihnen jegliche Beziehung zu sich selbst in Form einer 'für sich seienden Subjektivität'. Insofern bleibt nur die Bestimmung von außen, durch die Logik. Diese Bestimmung von außen wird dann von Hegel als das Moment der Zufälligkeit gesehen.

Mit der damit verbundenen Gleichsetzung von 'äußerer' und 'zufälliger Bestimmung' ist hier durchaus auch der wörtlichen Bedeutung des Begriffs 'Zufall' nach ein Sinn zu verbinden: Daß etwas bloß von außen bestimmt werden kann, sich aber nicht selbst zu bestimmen vermag, heißt ja nicht anderes, als daß ihm seine *Bestimmung von außen zufällt*. Insofern drückt der Begriff 'Zufall' keineswegs eine Indeterminiertheit aus, sondern vielmehr eine fehlende Selbstdeterminiertheit. In diesem Sinne ist 'Zufall' als 'äußerliche Notwendigkeit' zu verstehen.

An einer anderen Stelle drückt Hegel diese Einheit von Zufall und Notwendigkeit noch deutlicher aus. Er läßt im Grunde keinen Zweifel daran aufkommen, daß alles in der Natur determiniert ist:

„In der Natur ist nur Notwendigkeit vorhanden. [...] Notwendigkeit ist, daß das Sein von etwas nicht sein eigenes Sein ist. Die Notwendigkeit ist an sich Begriff. Zufälligkeit ist der bestimmte Gegensatz gegen das Notwendige" (NP. 10/ 17 ff.)

Würde man 'Zufall' nicht als 'äußerliche Notwendigkeit' verstehen, so wäre diese Aussage ein Widerspruch. Einerseits soll in der Natur alles notwendig sein, andererseits ist Zufall des Gegenteil von Notwendigkeit. Beides ist vereinbar, indem Zufall als 'äußerliche Notwendigkeit' der bloß komplementäre Gegensatz – und nicht Indeterminiertheit, das kontradiktorische Gegenteil – zu Notwendigkeit ist.

D. Henrich hat eine diametrale Interpretation der Ausführungen Hegels zum Begriff des 'Zufalls'. Henrich analysiert den Hegelschen Zufallsbegriff in der 'Wissenschaft der Logik':

„Die Einheit der Möglichkeit und Wirklichkeit ist die *Zufälligkeit*. – Das Zufällige ist ein Wirkliches, das zugleich nur als möglich bestimmt, dessen Anderes oder Gegenteil ebensosehr ist" (WL. II, 205).

Zufällig ist etwas also dann, wenn es zwar wirklich ist, dieses 'wirkliche Existieren' jedoch bloß möglich und nicht logisch notwendig ist. Das Existierende ist dann insofern zufällig, als seine Wirklichkeit eine bloß mögliche ist; d.h. sie könnte ebensogut nicht realisiert sein.

„Die Wirklichkeit hat aber wiederum einen eigenen, selbst wirklichen Bereich ihrer Möglichkeit, den ihrer Bedingtheit, aus dem sie hervortritt, wenn er vollständig gesetzt ist. In Beziehung auf die Bedingungen, die selbst schon wirklich sind, ist das im ersten Sinne Zufällige notwendig. Aber die Bedingungen sind an ihnen selbst wiederum gesetzte Mögliche, also auch bloß zufällige. Jene Notwendigkeit ist also immer nur relative" (Henrich 1956, 134).

Aufgrund der Tatsache, daß ein Wirkliches immer durch ein anderes Wirkliches bedingt ist, ist es insofern notwendig, als auch sein Bedingendes notwendig ist. Es ist also *relativ zu seiner Bedingung notwendig*.[96] So lassen sich dann die Bedingungen dann zurückverfolgen. Es fragt sich nun, wie ein letzter Grund beschaffen sein müßte. Gäbe es keinen letzten Grund, dann hätte man einen infiniten Regreß von Bedingungen. Da nun die Logik absolut – und das heißt ja *unbedingt* – ist, ist wohl jeweils auch die *Logik als der letzte Grund* anzusehen. Tatsächlich erfüllt sie auch die formalen Kriterien eines letzten Grundes, indem sie *sich selbst bedingt* und somit

---

[96] Der Begriff der 'relativen Notwendigkeit' ist analog zum Begriff der 'äußerlichen Notwendigkeit'. Vgl. dazu auch Enz. I, 293.

nicht nur relativ notwendig ist, sondern eben absolut.[97] Zufälligkeit als relative Notwendigkeit ist insofern immer auf absolute Notwendigkeit bezogen.[98]

Henrich sieht dieses entscheidende Moment der Zufälligkeit als komplementärer Gegensatz der Notwendigkeit nicht und kommt so zu einer anderen Schlußfolgerung, was die Ausführungen Hegels angeht. Nach Henrich sind

> „Zufall und Notwendigkeit analytisch verbunden. Nur wenn es ein absolut Zufälliges gibt, ist Notwendigkeit denkbar. Das bestimmte Bedingende ist in Beziehung auf das Notwendige eben deshalb absolut zufällig, weil der Zufall selbst für es notwendig ist" (Henrich 1956, 135).

Dies ist jedoch keineswegs zwingend. Wenn das 'bestimmte Bedingende' die Logik selbst ist, so ist 'Zufall' eben nicht 'für sie selbst notwendig'. Denn die Logik bestimmt sich selbst ja nicht zufällig als das *Absolute*. Ebenso findet sich der Begriff der 'absoluten Notwendigkeit' auch in Hegels 'Wissenschaft der Logik' bestimmt:

> „Das schlechthin Notwendige *ist* nur, weil es ist; es hat sonst keine Bedingung noch Grund. – Es ist aber ebenso reines *Wesen*; sein *Sein* ist die einfache Reflexion-in-sich; es ist, *weil* es ist. Als Reflexion hat es Grund und Bedingung, aber es hat nur sich zum Grunde und Bedingung. [...] Die absolute Notwendigkeit ist so die *Reflexion oder Form des Absoluten*" (WL. II, 215).

Absolute Notwendigkeit fällt also bei Hegel mit dem *Absoluten*, also der *Logik*, zusammen. Als die Natur bestimmendes ist die Logik damit nun kein zufälliges Bedingendes, sondern deren absolute Bedingung. Dem Zufallsbegriff bleibt somit nur noch die Bestimmung der 'relativen Notwendigkeit', denn für 'absolute Zufälligkeit' ist damit kein Platz mehr. Insofern sind 'Zufall' und 'Notwendigkeit' nicht

---

[97] Henrich vergleicht diesen Rückgang in ein sich selbst bedingendes mit dem „Argument des kosmologischen Gottesbeweises" (Henrich 1956, 134 Anm. 6).

[98] Auf dieselbe Art interpretiert R. Kroner Hegels Begriff des Zufalls. Er faßt den Begriff der 'relativen Notwendigkeit' als „*Notwendigkeit des Zufälligen.* [...] Das Zufällige ist selbst ein Notwendiges, wenn es nämlich 'zu Ende' gedacht wird" (Kroner 1961, 483). Mit diesem zu-Ende-denken kann nur das zurückverfolgen kontingenter Bedingungen bis zu einem Punkt absoluter Notwendigkeit gemeint sein.

als kontradiktorische Gegensätze verbunden, sondern als komplementäre.[99]

Henrich billigt seinem der Interpretation der 'Logik' entnommenen Begriff der 'absoluten Zufälligkeit' – der sich explizit bei Hegel übrigens nirgendwo findet[100] – auch eine Rolle innerhalb der Natur zu. Henrich meint,

> „daß es immanent eine unvermeidliche Folgerung ist, der Kategorie der Zufälligkeit, die, zwar als aufgehobene, doch ein Moment in der Folge der Gedankenbestimmungen ist, in der Natur eine eigenes Feld einzuräumen, in der ja alle Kategorien aus dem Prozeß ihrer Entfaltung auseinander freigelassen sind" (Henrich 1956, 136).

Damit gibt es nach Henrich in der Natur einen Bereich völliger Indeterminiertheit.[101] Henrich geht in seiner Interpretation der Aus-

---

[99] In der Natur selbst ist die Zufälligkeit als 'relative Notwendigkeit' natürlich nun ein Wesensmerkmal allen Naturseins. Man kann sich immer fragen, ob dieses oder jenes Natursein wirklich diese oder jene Bedingung hatte; sein Bedingtsein ist mithin nicht absolut notwendig. Indem aber die gesamte Natur aus der Logik resultiert, sagt Hegel zurecht: „die Zufälligkeit ist absolute Notwendigkeit; sie selbst ist das Voraussetzen jener ersten absoluten Wirklichkeiten" (WL. II, 217). Jede Zufällige läßt sich also prinzipiell auch als ein absolut Notwendiges bestimmen. Das leistet ja letztlich auch die Naturphilosophie, indem sie die 'Logik der Natur' erfaßt.

[100] Hösle sieht in Hegels Äußerung, daß die Notwendigkeit „sich als *Zufälligkeit* bestimmt, – in ihrem Sein sich von sich abstößt, in diesem Abstoßen selbst nur in sich zurückgekehrt ist und in dieser Rückkehr als ihrem Sein sich von sich selbst abgestoßen hat" (WL. II, 214) den Begriff eines 'absoluten Zufalls'. Sein Argument dafür ist, daß Hegel damit meine, notwendig sei „nur das, was sich unter kontingenten, beliebigen Umständen als unabdingbar erweise" (Hösle 1987, 89). Insofern soll absolute Zufälligkeit die Voraussetzung dafür sein, daß etwas überhaupt erst im Unterschied dazu notwendig sein kann. Diese Interpretation hat jedoch die gleichen Mängel, wie die Ausführungen Henrichs. Sie sieht nämlich den Gegensatz von Notwendigkeit und Zufälligkeit als einen kontradiktorischen und nicht als einen komplementären an. – Die von mir hier angenommene Interpretation von Zufall und Notwendigkeit als einer komplementären Unterscheidung läßt sich übrigens mit dem selben Argument verteidigen, welches auch Hösle verwendet: Notwendigkeit ist eben nur deswegen absolut, weil sie sich von 'relativer' oder 'äußerlicher' Notwendigkeit abgrenzt. Hegels Argument behält also dabei den gleichen Sinn.

[101] Auch B. Falkenburg sieht die Natur als u.a. durch Indeterminiertheit charakterisiert an. Aus der von ihr angenommenen Entgegensetzung von Logik und Natur folgt für sie dann auch eine kontradiktorische Entgegensetzung von 'Zufall' und 'Notwendigkeit'. Vgl. Falkenburg 1987, 154.

führungen Hegels sogar soweit, der Natur explizit die Möglichkeit zu Alogizität einzuräumen. Er meint,

"daß in der Natur sogar Verstöße vorkommen können gegen die Gedankenbestimmungen" (Henrich 1956, 137).

Dabei spielt er auf Hegels Versuch an, Mißgeburten und Mißbildungen, die nicht mehr eindeutig einer Gattung zuzurechnen sind, zu erklären.[102] Daß für eine solche Erklärung 'absolute Zufälligkeit' in der Natur angenommen werden muß, ist jedoch nicht einsichtig. Eine viel einsichtigere Erklärung folgt vielmehr mittels des Begriff der 'äußerlichen Notwendigkeit'. In der Natur gibt es *Stufen des Naturseins*.[103] Diese sind, wie alles in der Natur, voneinander getrennt. Indem nun ein Naturseiendes auf einer Stufe den Anforderungen seines Begriffs nicht gerecht wird, kann es auf anderen Stufen immer noch begriffsgemäß sein. Ein Beispiel wäre etwa ein Tier, daß selbst wenn es durch Mißbildungen im Grunde nicht mehr als Tier erkennbar ist, z.B. als Molekülverband betrachtet, keinerlei Entsprechungsdefizite bezüglich des Begriffs eines Molekülverbands hat. Mißbildungen etc. können folglich sehr leicht durch logische Abläufe in anderen Sphären der Natur erklärt werden.

Das ist dann auch die *Rolle des Zufalls in der Natur*. Zufällig sind natürliche Abläufe deswegen, weil die Prozesse der Natur sich nicht selbst steuern,[104] sondern von außen gesteuert werden. Außen ist für die Natur jedoch nicht nur ihre logische Grundlage, sondern auch die Naturdinge selbst sind einander äußerlich. Denn ein Naturding, welches z.B. kausal auf ein anderes wirkt, stellt ja für dieses immer von außen kommende Beeinflussung dar. Indem die Naturdinge sich so gegenseitig beeinflussen, ist das Resultat dieser Beeinflussung jeweils zufällig, denn die Beeinflussung geschieht ja nicht durch die jeweils beeinflußten Naturdinge selbst. Sie sind eben nicht autonom und wissen demnach nicht, was ihnen geschieht. Die von Henrich favorisierte Annahme eines 'absoluten Zufalls' führt zu einem Widerspruch. Letztlich ist ja damit gesagt, daß es in der Natur vollkommen unbestimmtes Sein gibt. Das wie-

---

[102] Vgl. Enz. II, 36.
[103] Darauf werde ich in Kap. IV zurückkommen, wo die Struktur der Natur thematisch wird.
[104] Eine gewisse Ausnahme hierzu stellt die Sphäre des Lebendigen dar. Darauf möchte ich hier nicht weiter eingehen.

derum ist jedoch nichts anderes als ein *Ding an sich* mit dem bereits erwähnten Widerspruch.[105]

Abschließend sei hier noch ein Hinweis auf das Phänomen gegeben, daß 'absoluter Zufall' auch technisch nicht realisierbar ist: Daß wir einen 'absoluten Zufall' im Grunde nicht einmal denken können, zeigt sich sehr anschaulich, wenn wir versuchen, etwas Zufälliges technisch zu produzieren. So greifen etwa Zufallsgeneratoren in Computerprogrammen zumeist auf Zeitangaben zurück. Man geht davon aus, daß nach einigen Stellen hinter dem Komma die Zeitangabe hinreichend weit von jeglichem Einfluß durch den Benutzer des Programms entfernt und somit zufällig ist. Dennoch handelt es sich für den Programmablauf um eine wohlbestimmte Zeitangabe. Ihre *Notwenigkeit* ist lediglich für den Programmbenutzer *relativ*.

---

[105] Vgl. Kap II.2.

III. Naturphilosophie und Naturwissenschaften

In diesem Kapitel wird der bereits in Kapitel II.3 thematisierte Aspekt der Erkenntnis der Natur in erweiterter Form diskutiert. Es soll hier vor allem auf das Problem der *Erfahrungserkenntnis* und ihrem Verhältnis zur *logisch-begrifflichen Erkenntnis* eingegangen werden. Die bisher dargelegte Begründung unseres Wissens über die Natur betrifft ja erst einmal nur das aus der Logik gefolgerte, rein begriffliche Wissen. Wir wissen, daß diese Begriffe einen Gegenstand haben, der ihnen entspricht. Das gleiche gilt nicht für unser Erfahrungswissen. Es entsteht somit hier eine *Kluft* zwischen diesem *begrifflich deduzierten Wissen* und dem *Erfahrungswissen*. Diese Kluft ist Gegenstand dieses Kapitels. Sie macht auch letztlich, wie wir sehen werden, den Unterschied von *Naturphilosophie* und *Naturwissenschaft* aus. Zuerst werde ich in Kapitel III.1 in allgemeiner Form auf das Problem der Identifikation von begrifflich deduziertem Wissen in der Erfahrungswirklichkeit eingehen. Im folgenden wird dann Erfahrungswissen als solches untersucht werden. Dazu setzt sich Kapitel III.2 mit der Hegelschen Unterscheidung von theoretischem und praktischem Verhalten gegenüber der Natur auseinander. In Kapitel III.3 werde ich dann Hegels Unterscheidung von abstrakten und konkreten Allgemeinbegriffen diskutieren. Diese Überlegungen bilden bei Hegel die Basis für eine Unterscheidung von Naturwissenschaft und Naturphilosophie. Das Verhältnis von Naturwissenschaft und Naturphilosophie wird dann in Kapitel III.4 thematisiert. Dabei werde ich zuerst Hegels Position darstellen und diese dann kritisch hinterfragen.

1. Das Identifikationsproblem

Unter dem *Identifikationsproblem* verstehe ich hier das rein erkenntnistheoretische Problem, wie die notwendigen, der Logik entstammenden Erkenntnisse über die Natur zu ihrem *empirischen Gegenstand* gelangen. Es geht hier nicht um die *Naturdinge* selbst, denn deren Existenz garantiert ja die Logik.[106] Vielmehr geht es um die Rolle unserer *empirischen Daten*, welche ja ebenfalls – freilich auf andere Weise wie die realen Naturdinge selbst – unseren Gedanken von den Naturdingen entsprechen müssen. Diese empirischen Daten sind mit der Kenntnis des ihnen zugehörigen Begriffs noch nicht unbedingt identifiziert. Es ist nämlich auch nach Hegel

> „zweierlei, Gedanken und Begriffe zu haben, und zu wissen, welches die ihnen entsprechenden Vorstellungen, Anschauungen und Gefühle sind" (Enz. I, 44).

Um diese Unterscheidung auch ganz klar zu machen verwende ich ein Beispiel: Ein Blinder kann sehr wohl gedanklich wissen, was die Farbe 'blau' ist; auch wenn er sie nie gesehen hat. Er kann z.B. ihre physikalisch bestimmte Wellenlänge kennen. Nehmen wir nun an, daß er plötzlich sehen könnte und nun daran interessiert ist, in seinen Wahrnehmungsdaten die ihm gedanklich bekannte Farbe 'blau' aufzufinden. In etwa dieser Situation befinden wir uns an dieser Stelle der Erörterung der Hegelschen Naturphilosophie. Wir haben die Existenz der Natur logisch deduziert. Nun wollen wir sie auch sehen und nicht nur denken können.

Diesem Problem der Identifikation des begrifflich deduzierten in der Erfahrung stellt sich auch Hegel. Nach Hegel ist es nicht nur wichtig, etwas begrifflich zu erkennen, sondern wichtig ist

> „daß, außerdem daß der Gegenstand nach seiner *Begriffsbestimmung* in dem philosophischen Gange anzugeben ist, noch weiter die *empirische* Erscheinung, welche demselben entspricht, namhaft zu machen und von ihr aufzuzeigen ist, daß sie jener in der Tat entspricht. Dies ist jedoch in Beziehung auf die Notwendigkeit des Inhalts kein Berufen auf die Erfahrung" (Enz. II, 15).

Hegels Lösungskonzept des Identifiktionsproblems ist also denkbar einfach. Es entspricht in etwa der Strategie, die jener ehemalige Blinde des Beispiels wohl auch anwenden würde. Er ist ja nicht ganz ohne Wahrnehmung, sondern bloß blind. Damit braucht er lediglich die ihm bisher rein gedanklich bekannten optischen Daten Objekten zuzuordnen, die ihm bereits durch z.B. Tastsinn ebenfalls empirisch bekannt sind. Ein analoges Vorgehen schlägt Hegel vor. Da wir schon immer Wahrnehmungen haben, müssen wir diese bloß nach Maßgabe der neu gewonnenen Begrifflichkeiten sortieren.

---

[106] Vgl. Kap. II.2.

Dabei ist dann wichtig, daß das Begriffliche das Maß bleiben muß. Es ist nicht möglich aus Wahrnehmungen auf Begriffe zu schließen.[107] Hösle kritisiert diese Konzeption Hegels:

> „Die Deduktion der begrifflichen Struktur der Realität basiert nicht auf der Empirie; bei der Benennung dessen, was dieser Struktur in der Realität entspricht, liefert sich die Philosophie allerdings unweigerlich der Erfahrung aus – und das heißt immer: dem empirischen Wissensstand der eigenen Zeit" (Hösle 1987, 82).

Diese Kritik trifft jedoch nur zum Teil zu. Hegel sagt ja sehr deutlich, daß die empirische Entsprechung des Naturbegriffs keine Bedeutung hinsichtlich der *Wahrheit des Naturbegriffs* haben kann. Es ist also nicht möglich, sich die Natur anzusehen, festzustellen, daß alles ganz anders ist und dann die Begriffe zu ändern. Vielmehr müssen die Begriffe *rein logisch und völlig empiriefrei* abgeleitet werden. Das meint Hegel, wenn er sagt, daß das Auffinden der begrifflichen Strukturen in der Erfahrung 'kein Berufen' auf dieselbe ist. Daß die empirischen Vorstellungen keinen Einfluß auf die philosophischen Begriffe haben dürfen, betont Hegel ausdrücklich:

> „Übrigens hat sich die Philosophie nicht um die Vorstellung zu bekümmern, noch braucht sie jeder Rücksicht zu leisten, was die Vorstellung fordert, denn die Vorstellungen sind beliebig; aber im allgemeinen müssen beide doch übereinstimmen" (Enz. II, 25 Zus.).

Diese letzte Anmerkung, daß Vorstellung und Begriff irgendwie zur Übereinstimmung gebracht werden müssen, ist nun keineswegs als eine Abhängigkeit des Begriffs von der Empirie zu deuten. Im Sinne des unmittelbar davor von Hegel Gesagten heißt das vielmehr, daß eben auch dem Begriff widersprechende Vorstellungen als solche aufgedeckt und erklärt werden müssen. Ein sehr gutes Beispiel dafür ist der subjektive Eindruck der Widerständigkeit des Naturseins. Wie in Kapitel II.3 dargelegt, macht diese Widerständigkeit dann durchaus Sinn, wenn man berücksichtigt, daß Subjekte aufgrund ihrer Leiblichkeit u.a. auch Naturdinge sind, denen andere Naturdinge naturgemäß Widerstand bieten. Die nicht dem Begriff gemäße Vorstellung wird so nicht als falsch eliminiert, sondern

---

[107] Webb interpretiert die Identifikation von Begriff und Empirie an dieser Stelle als 'Illustration': „The necessity of the advance in philosophy of nature lies in the determination of the concept, which is the also shown to correspond to an empirical state of affairs. This account suggests that empirical phenomena would merely illustrate the necessary and autonomous development of the natural categories" (Webb 1980, 177).

vielmehr mittels der getätigten philosophischen Überlegungen als in bestimmter Hinsicht durchaus sinnvoll verstanden.

Hier liefert sich Hegel also – entgegen Hösles Feststellung – keineswegs der Erfahrung aus. Völlig korrekt hingegen ist Hösles Hinweis auf die Abhängigkeit der aufgefundenen empirischen Entsprechungen der bekannten logischen Strukturen vom Stand der empirischen Wissenschaften. Dies macht er dann noch deutlicher, indem er einen Sonderfall diskutiert:

> „Wenn es auch realphilosophischen Begriffen wesentlich ist, in die Sprache der Vorstellung übersetzt zu werden, so kann es den Fall geben, daß der apriorisch verfahrende Realphilosoph zwar korrekt begriffliche Strukturen herausarbeitet, daß diese aber keiner empirischen Vorstellung seiner Zeit entsprechen, weil einfach die Wissenschaften zu seiner Zeit noch nicht die der begrifflichen Struktur korrespondierende Wirklichkeit entdeckt haben" (Hösle 1987, 85).

Daraus ergeben sich dann nach Hösle fehlerhafte Übersetzungen der Naturbegriffe in die Erfahrungswelt, wenn eine solche Übertragung versucht wird. Immerhin gibt es dann in der Erfahrungswelt die korrespondierenden Strukturen noch nicht.

Dieser von Hösle diskutierte Sonderfall ist nun keineswegs unwahrscheinlich, sondern es ist sogar davon auszugehen, daß er wirklich vorliegt. Daß er nicht vorliegen würde hieße ja, daß die empirischen Wissenschaften bereits alles erforscht hätten. Dies anzunehmen ist jedoch nicht plausibel. Man könnte hier einwenden, daß die groben Strukturen der Natur den empirischen Wissenschaften bereits bekannt seien und diese mittlerweile lediglich immer mehr Details anhäufen. Doch diese Annahme läßt sich bereits durch einen sehr oberflächlichen Blick auf etwa die Elementarteilchenphysik widerlegen. Insofern man dort damit beschäftigt ist, immer neue Elementarteilchen zu finden, sucht man keine naturphilosophisch unwesentlichen Details, sondern vielmehr immer elementarere Glieder der Struktur der Materie. Daß diese Glieder empirisch noch nicht vollends bekannt sind heißt aber nichts anderes, als daß der von Hösle diskutierte Fall zur Zeit Realität ist. Die Naturphilosophie muß Strukturen deduzieren, denen es zur Zeit noch an Entsprechungen in der Erfahrungswelt fehlt.

Insofern muß Hegels recht problemlos anmutendes Konzept einer Identifikation von Begriff und Empirie als überaus naiv bezeichnet werden. Einerseits schätzt er die Grenzen der empirischen Wissenschaften, wie wir noch sehen werden, durchaus korrekt ein. Aber andererseits überschätzt er deren Ergebnisse dort, wo eine Identifikation derselben mit den logisch gewonnen begrifflichen Strukturen das Ziel ist. Es ist insofern sicherlich korrekt von einem *Identifiktionsproblem* zu sprechen.[108]

Liegt nun die empirische Entsprechung des Begriffs nicht vor, so bleibt dem Realphilosophen nach Hösle im Grunde nur die Möglichkeit rein begrifflich zu operieren und somit *Prolepsen* zu produzieren; also philosophisch die Ergebnisse der empirischen Wissenschaften vorwegzunehmen.[109] Der Begriff 'Prolepse' scheint hier zwar etwas sehr Ehrenvolles zu bezeichnen, aber eigentlich steht er nur für den im Sinne des Identifikationsproblems defizienten Zustand, daß eben die Entsprechung der Prolepse in der Wirklichkeit noch unbekannt ist. Im Grunde ist ja die gesamte Naturphilosophie als eine einzige Prolepse anzusehen. Es soll ja erst einmal vollkommen empirieabstinent alles begrifflich abgeleitet werden. Die Identifikation der Entsprechungen in der Erfahrungswelt ist wird von Hegel als ein zweiter, nachgeordneter Schritt angesehen. Das Identifikationsproblem behindert also den philosophischen Gedankengang nicht. Und das gilt sogar für erst einmal unlösbare Fälle.[110]

Das Identifikationsproblem ist somit eher ein praktisches als ein theoretisches Problem. Die Rolle unseres Erfahrungswissens muß demzufolge neu bestimmt werden. Hegel sagt zwar, daß die Identifikation der Begriffe mit der Erfahrung zu leisten ist; philosophisch kommt man jedoch offenbar auch ohne Erfahrung aus. Folglich

---

[108] In einem ungleich höheren Maße problematisch ist das Identifikationsproblem natürlich dann, wenn man davon ausgeht, daß die Natur etwas vollkommen anderes als die Logik ist (vgl. Kap. II.2 (2)). Dann bleibt es nicht bloß ein erkenntnisbezogenes Problem, sondern es wird ein aporetisches ontologisches Problem. Dies zeigt sich bei Falkenburg: „Woher 'weiß' die Idee (oder Hegels Naturphilosophie), was an der Natur ihren Bestimmungen entspricht und was nicht? An diesem Punkt sind m.E. systematisch die Schwierigkeiten anzusiedeln, die man immer wieder mit Hegels Naturphilosophie an Stellen bekommt, wo der Eindruck entsteht, die Zuordnung eines bestimmten Naturphänomens zu einer spekulativen Begriffsbestimmung sei in hohem Maße willkürlich" (Falkenburg 1987, 152). Dieses ontologische Identifikationsproblem stellt sich uns hier erst gar nicht, da wir von einer anderen Bestimmtheit der Logik ausgehen (vgl. Kap II.2). Die Logik selbst braucht die Naturphänomene nicht zu identifizieren, da sie diese überhaupt erst schafft.

[109] Vgl. Hösle 1987, 86.

[110] Es könnte also der Verdacht auftauchen daß es sich beim Identifiktionsproblem gar nicht um ein originär philosophisches Problem handelt. Auf diesen Gedanken werde ich an späterer Stelle zurückkommen.

stellt sich die Frage, warum denn diese Identifikation zu leisten ist und welche Rolle sie, und damit ja letztlich auch die Naturwissenschaften, philosophisch spielen?

2. Theoretisches und praktisches Verhalten zur Natur

Wir haben also gesehen, daß eine philosophische Betrachtung der Natur – wenn es nicht anders möglich ist – auch völlig ohne Referenz in der Erfahrungswelt auskommt. Diese Referenz zu finden ist eine dem begrifflichen nachgeordnete Aufgabe. Demzufolge scheint unser Erfahrungswissen für philosophisch-begriffliche Überlegungen etwas vollkommen bedeutungsloses zu sein. Um dies bewerten zu können, müssen wir die folgende Frage beantworten: Was ist der Unterschied zwischen unserem Erfahrungswissen und dem philosophischen Wissen über die Natur?

Hegel trifft hier eine Unterscheidung zwischen '*praktischem*' und '*theoretischem Verhalten*' gegenüber der Natur. Diese Unterscheidung kann als Hegels erste Bestimmung des Unterschieds zwischen *Erfahrungswissen über die Natur* und *Naturphilosophie* gelten. Praktisches Verhalten ist dabei als zweckorientierte Naturbenutzung verstanden:

> „*Praktisch* verhält sich der Mensch zu der Natur als zu einem Unmittelbaren und Äußerlichen selbst als ein unmittelbar äußerliches und damit sinnliches Individuum, das sich aber so mit Recht als *Zweck* gegen die Naturgegenstände benimmt. Die Betrachtung derselben nach diesem Verhältnisse gibt den endlich-*teleologischen* Standpunkt" (Enz. II, 13).

Im Zentrum dieses praktischen Verhaltens zur Natur stehen die eigenen Zwecke. Natur ist in dieser Sicht nicht etwas an sich selbst existierendes, sondern bloß ein Glied in einer subjektiven Zweckkette. Natur, so wie sie an sich selbst ist, bleibt somit außerhalb der Betrachtung; ein '*Äußerliches*'.[111] Diesem Äußerlichen ist natürlich auch der menschliche Zweck, der sie benutzt, äußerlich, denn die

---

[111] An anderer Stelle findet sich dieser Hegelsche Gedanke sehr deutlich ausgedrückt. Im praktischen Verhalten „gebrauchen wir die Natur als etwas Nützliches, d.h. wir nehmen die Natur nach dieser nützlichen Seite als etwas, das in sich seine wahrhafte Bestimmung nicht hat, sondern diese erst durch uns erhält. Sie ist nichtig, ihr Sein ist ein innerlich Seelenloses, ihr Zweck sind wir" (NP, 3/ 20 ff.).

Natur weiß ja nichts von dem vom Menschen in sie hineingelegten Zweck. Das spiegelt also genau die bereits erwähnte Kantische Konzeption *äußerlicher Zweckmäßigkeit* – also den *endlich-teleologischen Standpunkt* in Hegels Terminologie – wieder. Wir tun in unserem praktischen Umgang mit der Natur so, als sei ihre innere Struktur bloß ein Produkt unseres zweckorientierten Denkens. Der Natur selbst oder Teilen von ihr können wir keine aus sich selbst existierende Form von Zweckmäßigkeit zugestehen. Es geht also insgesamt im praktischen Verhalten der Natur gegenüber nicht um *Erkennen* derselben, sondern um das *Benutzen* der Natur.

Das praktische Verhalten zur Natur ist jedoch nicht voraussetzungslos. Um die Natur für meine Zweck benutzen zu können, muß ich ja zumindest ganz rudimentär *wissen*, wie die Natur funktioniert, wie sie beschaffen ist. Insofern

„fordert das Zweckverhältnis für sich eine tiefere Auffassungsweise als nach äußerlichen und endlichen Verhältnissen, – die Betrachtungsweise des Begriffs, der seiner Natur nach überhaupt und damit der Natur als solcher immanent ist" (Enz. II, 13).

Zweckmäßiges Handeln setzt also, obschon es dabei nicht um *Naturerkenntnis* geht, diese dennoch voraus. Dazu reicht nach Hegel dann auch nicht eine bloße Meinung, wie die zu benutzenden Naturdinge beschaffen sein könnten, sondern die Vorstellungen müssen auch der 'Natur als solcher immanent' sein, damit die geplante Handlung gelingen kann. Als Handelnder muß ich davon ausgehen, daß die Natur auch wirklich so ist, wie ich sie in meinem Handlungsplan bedacht habe.

Das praktische Verhalten bringt somit die Forderung nach einem *theoretischen Verhalten zur Natur* mit sich. Sich theoretisch zur Natur verhalten heißt nun für Hegel, daß man die Natur so nimmt, wie sie sich darstellt. Man geht also nicht mit eigenen Zwecken an die Natur heran.

„Beim theoretischen Verhalten ist das [...] erste, daß wir von den natürlichen Dingen zurücktreten, sie lassen, wie sie sind, und uns nach ihnen richten. Wir fangen hierbei von sinnlichen Kenntnissen der Natur an" (Enz. II, 16 Zus.).

Bei genauerer Betrachtung findet man jedoch in diesem theoretischen Verhalten ein der rein rezeptiven Verhaltensweise entgegengesetztes Moment:

> „Die zweite Beziehung der Dinge auf uns ist, daß sie die Bestimmung der Allgemeinheit für uns bekommen oder daß wir sie in etwas Allgemeines verwandeln. Je mehr des Denkens in der Vorstellung wird, desto mehr verschwindet von der Natürlichkeit, Einzelheit und Unmittelbarkeit der Dinge" (Enz. II, 16 Zus.).[112]

Indem man also versucht, die Dinge so sein zu lassen, wie sie an sich sind, werden sie zu etwas anderem. Somit ist das theoretische Verhalten zur Natur nicht bloß das Gegenteil des praktischen Verhaltens, welches die Natur ja ohnehin verändern will, sondern das theoretische Verhalten ist auch zugleich *sein eigenes Gegenteil*.

Erkennen stellt somit nach Hegel erst einmal ein Dilemma dar. Wollen wir etwas *so wie es ist* erkennen, so müssen wir es *verändern*, es zu einem unserer Gedanken machen. Wie jedoch läßt sich diesem Dilemma begegnen? Wie kann man diesen dem theoretischen Verhalten inhärierenden Widerspruch auflösen? Hegel findet dazu einen Lösungsansatz durch einen Rückgriff auf das oben dargestellte *praktische Verhalten*:

> „Die Schwierigkeit, d.i. die einseitige Annahme des theoretischen Bewußtseins, daß die natürlichen Dinge uns gegenüber beharrend und undurchdringlich seien, wird direkt widerlegt durch das praktische Verhalten, in welchem dieser absolut idealistische Glauben liegt, daß die einzelnen Dinge nichts an sich sind" (Enz. II, 18 Zus.).

Das Problem, welches zum immanenten Widerspruch des theoretischen Verhaltens führte, war die Vorstellung, daß die Natur etwas 'Undurchdringliches', das immer ein unseren Gedanken entgegengesetzes bleibt, sei. Dieser Vorstellung hat sich jedoch bereits das praktische Verhalten entledigt, indem es die Natur einfach für die subjektiven Zwecke verplant, ihre Bestandteile zu Elementen subjektiver Zweck-Mittel Relationen macht. Wenn wir z.B. essen, so ist die relevante Beschaffenheit des Nahrungmittels für uns seine Nahrhaftigkeit. Und das ist dann alles, was uns daran interessiert.

---

[112] Eine sehr poetische Darstellung dieses Gedankens, die ich hier nicht aussparen möchte, findet sich im weiteren Text bei Hegel: „Durch den sich eindrängenden Gedanken verarmt der Reichtum der unendlich vielgestaltigen Natur, ihre Frühlinge ersterben, ihre Farbenspiele erblassen. Was in der Natur von Leben rauscht, verstummt in der Stille des Gedankens; ihre warme Fülle, die in tausendfältig anziehenden Wundern sich gestaltet, verdorrt in trockene Formen und zu gestaltlosen Allgemeinheiten, die einem Trüben nördlichen Nebel gleichen" (Enz. II, 16).

Der immanente Widerspruch des theoretischen Verhaltens kann somit relativiert werden. Hierzu muß eine Unterscheidung in den Zusammenhang eingeführt werden, die wir bereits in Kapitel II.3 kennengelernt haben: Einerseits ist die Ansicht, daß *unsere gedanklichen Vorstellungen von Natur* natürlich etwas anderes sind, als die *Naturdinge selbst*, vollkommen korrekt. Andererseits jedoch muß davon die aus Hegels Sicht irrige Auffassung unterschieden werden, unsere gedanklichen Vorstellungen von Natur seien, eben *weil es Gedanken sind*, etwas anderes als die Natur. Diese Vorstellung lehnt Hegel meines Erachtens zurecht ab. Die Gründe dafür sind ausgiebig in Kapitel II.2 diskutiert worden. Die Natur muß als eine Form der Idealität angesehen werden.

Damit aber ist nun der immanente Widerspruch des theoretischen Verhaltens aufgelöst. Wenn die Natur eben nichts *prinzipiell* anderes ist, als unsere Gedanken von ihr, machen wir die Naturdinge, indem wir diese gedanklich fassen, auch nicht zu einem vollkommen anderen ihrer selbst. In wesentlicher, nämlich logischer Hinsicht können wir gerade indem wir die Dinge gedanklich und eben nicht empirisch erfassen, ihre Wahrheit erkennen:

> „Dieses Allgemeine der Dinge ist nicht ein Subjektives, das uns zukäme, sondern vielmehr, als ein dem transitorischen Phänomen entgegengesetzes Noumen, das Wahre, Objektive, Wirkliche der Dinge selbst, wie die Platonischen Ideen, die nicht irgendwo in der Ferne, sondern als die substantiellen Gattungen in den einzelnen Dingen existieren. Erst wenn man dem Proteus Gewalt antut, d.h. sich an die sinnliche Erscheinung nicht kehrt, wird er gezwungen, die Wahrheit zu sagen" (Enz. II, 19 Zus.).

Diese Auflösung des Widerspruchs des theoretischen Verhaltens ist jedoch nicht bei empirischer Naturbetrachtung, also z.B. in der Naturwissenschaft, möglich. An dieser kritisiert Hegel, daß sie, obschon sie als theoretisches Verhalten zwar jene logischen Strukturen der Natur zu erfassen vermag, diese nun dennoch nicht konsequent objektivistisch zu deuten versteht. Die Kritik richtet sich also gegen jenes Verständnis von empirischer Naturauffassung, welches davon ausgeht, daß ihre Resultate *bloß subjektive Gültigkeit* beanspruchen können. Ein Beispiel wäre etwa ein Physiker, der die von ihm gefundenen Naturgesetze nicht als objektive Tatbestände in der Natur, sondern z.B. bloß als subjektive Modelle derselben deutet; es geht also um eine durchaus verbreitete Auffassung. Hegels Kritik daran ist jedoch eher polemisch und appellativ als argumentativ. So schlägt er z.B. vor, daß, wenn man Klassifizierungen ohnehin als subjektiv ansieht,

> „so könnte man z.b. als Merkmal des Menschen das Ohrläppchen angeben, welches sonst kein Tier hat; da fühlt man aber sogleich, daß eine solche Bestimmung nicht hinreicht, das Wesentliche am Menschen zu erkennen. Ist jedoch das Allgemeine als Gesetz, Kraft, Materie bestimmt, so will man dies doch nicht für eine äußere Form und subjektive Zutat gelten lassen, sondern den Gesetzen schreibt man objektive Wirklichkeit zu" (Enz. II, 19 f. Zus.).

Es lassen sich jedoch auch Argumente für Hegels Kritik einer solchen subjektivistischen Auffassung finden. Diese Auffassung produziert nämlich ein *Ding an sich*. Wenn wir davon ausgehen, daß unsere Naturerfahrungen prinzipiell nur für uns, nie aber für die wahrgenommenen Dinge selbst gelten, so werden diese zu einem für uns Unerkennbaren. Auf den darin liegenden Widerspruch ist hier bereits mehrfach hingewiesen worden.[113] Die Annahme der Objektivität von jeglicher, also auch subjektiver Erfahrung muß somit als zwingend angesehen werden. Andererseits läßt sich diese Objektivität der Erfahrung selbst nicht wieder mittels der Erfahrung einsehen. Denn Erfahrung bleibt eben immer etwas subjektives. Damit stellt sich jedoch automatisch die Frage, ob die Resultate empirischer Naturbetrachtung, also vor allem die Resultate der Naturwissenschaft, überhaupt als wahrheitsfähig gelten können? Daran aber schließt sich die Frage an, ob die Naturphilosophie etwaige Defizite der Naturwissenschaft vermeiden kann? Diese Fragen werden nun in Form des Unterschieds von abstrakten und konkreten Allgemeinbegriffen untersucht.

3. Abstrakte und konkrete Allgemeinbegriffe

Es soll nun darum gehen, die Wahrheitsfähigkeit des empirisch gewonnenen Wissens über die Natur zu prüfen und dies mit dem naturphilosophischen Wissen über die Natur zu vergleichen. D.h., daß es im Grunde um einen methodischen Vergleich von Naturwissenschaft und Naturphilosophie geht. Dabei kommt das eben diskutierte Moment zum tragen, daß unsere auf der Empirie basierenden *Gedanken von der Natur* von den *Dingen, auf die sie sich beziehen*

---

[113] Vgl. z.B. Kap. I.2.

unterschieden werden müssen. Dieses Moment spielt, wie wir sehen werden, eine zentrale Rolle hinsichtlich der Frage nach der Wahrheitsfähigkeit des Erfahrungswissens über die Natur.

Hegel stellt im wesentlichen zwei Mängel an der empirischen Naturbetrachtung fest:

> „Das Ungenügende nun der physikalischen Denkweise läßt sich auf zwei Punkte zurückführen, die aufs engste zusammenhängen. α) Das Allgemeine der Physik ist abstrakt oder nur formell; es hat seine Bestimmung nicht an ihm selbst oder geht nicht zur Besonderheit über. β) Der bestimmte Inhalt ist eben deswegen außer dem Allgemeinen, damit zersplittert, zerstückelt, vereinzelt, abgesondert, ohne den notwendigen Zusammenhang in ihm selbst" (Enz. II, 21 Zus.).

Hegels erster Kritikpunkt (α) ist die *abstrakte Allgemeinheit* des Resultats empirischer Betrachtungen. *Abstrakt* ist ein allgemeiner Begriff nach Hegel dann, wenn in ihm seine Unterbestimmungen nicht enthalten sind. Was Hegel hier also fordert sind z.B. Gattungsbegriffe, aus denen alle unter sie summierten Arten ersichtlich werden. D.h., daß gemäß Hegels Forderung der Begriff 'Tier' so beschaffen sein müßte, daß man aus ihm alle möglichen Tierarten ableiten kann.

Den ungeheuren Anforderungen Hegels an Begriffe der Natur werden die empirisch gewonnenen Allgemeinbegriffe natürlich nicht gerecht. Der Grund dafür, daß die Naturwissenschaft diese Anforderung nicht zu erfüllen vermag, liegt am eingangs erwähnten Unterschied zwischen unseren *Gedanken von der Natur* und den *Dingen, auf die sie sich beziehen*. In der Naturwissenschaft und auch in der alltäglichen Erfahrung ist das Vorgehen induktiv. Die naturwissenschaftliche Methode geht von empirischen Daten aus und bildet Artbegriffe und daraus Gattungsbegriffe. Dies ist jedoch ein wirklicher *Abstraktionsprozeß*, bei dem Eigenschaften im wörtlichen Sinne abstrahiert, also abgezogen werden. Insofern stellen die *Gedanken über die Natur* wirklich etwas anderes, nämlich etwas inhaltlich ärmeres dar, als es die Dinge selbst sind. So lassen sich nach dem Abstraktionsprozeß dann beispielsweise die abstrahierten Arteigenschaften auf der Ebene der Gattungsbegriffe nicht mehr einsehen.

Der zweite Kritikpunkt (β) ist, daß die einzelnen Bestimmungen eines empirisch erfaßten Zusammenhangs von einander getrennt sind. Den Grund dafür gibt Hegel an einer anderen Stelle an:

> „Der Empirismus, indem er die Gegenstände analysiert, befindet sich im Irrtum, wenn er meint, er lasse dieselben, wie sie sind, da er doch

in der Tat das Konkrete in ein Abstraktes verwandelt. Hierdurch geschieht zugleich, daß das Lebendige getötet wird, denn lebendig ist nur das Konkrete, Eine" (Enz. I, 109 f. Zus.).[114]

Indem bei empirischen Vorgehensweisen Zusammenhänge *analysiert* werden, wird das 'Lebendige getötet'; es geht also der Zusammenhang verloren.[115] Bei der Analyse einer Ganzheit, werden dessen Teile als unabhängig von dieser Ganzheit existierend betrachtet. So ist Hegels Formulierung zu verstehen, daß der 'bestimmte Inhalt außer dem Allgemeinen' ist. Ein von Hegel angeführtes Beispiel dafür ist die empirische Betrachtung einer Blume.[116] Die verschiedenen Qualitäten einer Blume, z.B. Farbe, Gestalt, etc., sind zwar erkennbar, aber ihr Zusammenhang ist nicht erkennbar. Eine analytisch zerlegte Blume ist nichts lebendiges mehr; die Kenntnis ihrer Teile reicht nicht aus, um das Ganze erkennen zu können. Auch hier ist es wieder der Unterschied zwischen einerseits der Natur selbst als dem ganzheitlichen 'Konkreten' und andererseits den analytisch zergliederten 'allgemeinen' Gedanken von der Natur, welcher der *empirisch fundierten Naturbetrachtung* ein *prinzipielles Erkenntnisproblem* beschert.

Damit stellt sich nun aber die Frage, inwiefern die naturphilosophische Vorgehensweise Hegels diesen Kritikpunkten entgeht. Wie schafft es die Naturphilosophie die prinzipielle Trennung von *Gedanken über die Natur* und den *Naturdingen* selbst zu überwinden? Hegels naturphilosophische Konzeption gelingt dieses mittels *konkreter Allgemeinbegriffe*. Mittels eines konkreten Allgemeinbegriffs kann das

„Zerstückelte zur einfachen Allgemeinheit denkend zurückgebracht werden; diese gedachte Einheit ist der Begriff, welcher die bestimmten

---

[114] Der philosophische Empirismus ist an dieser Stelle methodisch mit der Naturwissenschaft gleichzusetzen.

[115] Den Begriff 'Leben' verwendet Hegel in diesem Zusammenhang übrigens häufig in einer doppelten Bedeutung. Zum einen bezieht er sich auf Lebewesen als Beispiel für real existierende Ganzheiten in der Natur; zum anderen meint Hegel damit jedoch häufig auch hypostasierend den inneren Zusammenhang der Natur überhaupt. So sind beispielsweise Aussagen wie: „Die Naturphilosophie hat als Bestimmung, die Natur als lebendig zu erkennen" (NP, 5/ 14 f.) sicherlich nicht als die Forderung zu verstehen, daß die Naturphilosophie bloß Lebewesen zum Gegenstand haben sollte. Vielmehr meint er damit, daß die Natur als Ganze als ein der Lebendigkeit ähnlicher Zusammenhang begriffen werden muß.

[116] Vgl. Enz. II, 21 Zus.

Unterschiede, aber als eine sich in sich selbst bewegende Einheit hat. Der philosophischen Allgemeinheit sind die Bestimmungen nicht gleichgültig; sie ist die sich selbst erfüllende Allgemeinheit, die in ihrer diamantenen Identität zugleich den Unterschied in sich enthält" (Enz. II, 21 Zus.).

Wie schafft es nun ein konkreter Allgemeinbegriff, den Graben zwischen der Seite des Subjekts, also den Gedanken über die Natur, und der des Objekts, der Natur selbst, zu überwinden? Nun, ein solcher Begriff bringt dies zustande, indem er als gedanklicher Allgemeinbegriff eben nicht bloß etwas gedanklich abstraktes ist, sondern eben zugleich *seine Konkretion in sich enthält*. Er ist als solcher eine 'sich selbst erfüllende Allgemeinheit'. Insofern sind mit dem allgemeinen Gedanken notwendig seine Konkretionen mitgedacht. Von daher sind auch Ganzheiten in der Natur als Ganzheiten erfaßbar. Es werden nicht mehr bloß herausanalysierte Teilaspekte betrachtet, sondern eine Ganzheit, wie etwa ein Lebewesen, das als Ganzheit begriffen werden kann. Denn ein konkret allgemeiner Begriff erlaubt es ja, sowohl das Allgemeine, also die Ganzheit, wie auch dessen Teile als Konkretion der Ganzheit im Zusammenhang zu erkennen. Damit schafft es der konkret allgemeine Begriff den oben erwähnten Kritikpunkte (α) und (β) zu entgehen.

Der Gedanke über die Natur stellt damit nun auch nicht mehr etwas vom Natursein selbst verschiedenes dar, sondern er erfaßt das ideelle Wesen der Natur. Der Gedanke einer konkreten Allgemeinheit denkt dasjenige Allgemeine, was als Konkretes zugleich das 'Wirkliche' in der Natur ist. Ein bloß aus der Erfahrung abstrahierter Allgemeinbegriff ist in diesem Punkt defizient, nicht weil seine Bestimmtheit derjenigen der Natur nicht entspricht, sondern weil ihm überhaupt diese Konkretion fehlt. Analog impliziert der Gedanke einer Ganzheit als einer konkreten Allgemeinheit den gesamten inneren Zusammenhang dieser Ganzheit. So werden dem oben im Beispiel erwähnten Begriff einer 'Blume' nicht mehr deren Teile und Eigenschaften zusammenhanglos zugeschrieben, sondern sie sind Implikationen des Begriffs der 'Blume' selbst.

Das Konzept konkreter Allgemeinbegriffe schafft es auch, das *Induktionsproblem* zu lösen. Das Induktionsproblem haftet ja dem induktiven Vorgehen der Naturwissenschaft an. Diese schließen von Einzelfällen auf Allgemeinheiten, können jedoch aufgrund ihrer Gebundenheit an das empirisch nachweisbare Vorliegen eines Einzelfalls nur dessen Beschaffenheit wirklich belegen, nicht aber die allgemeine Gültigkeit des empirisch festgestellten. Hat man nun einen konkreten Allgemeinbegriff, so erübrigt sich damit das induktive Vorgehen. Man beginnt ja mit dem Allgemeinen und dessen Gültigkeit garantiert die Wahrheit der Aussagen über Einzelfälle. Damit entfällt das Induktionsproblem.[117] Man geht also gewissermaßen ohnehin deduktiv[118] vor.[119]

Die mit konkreten Allgemeinbegriffen operierende Naturphilosophie stellt damit nach Hegel die *Synthese von praktischem und theoretischem Verhalten zur Natur* dar:

> „Mit dem Erfassen dieses Inneren ist die Einseitigkeit des theoretischen und praktischen Verhaltens aufgehoben und zugleich beiden Bestimmungen Genüge geleistet. Jenes enthält die Allgemeinheit ohne Bestimmtheit, dieses eine Einzelheit ohne Allgemeines; das begreifende Erkennen ist die Mitte, in welcher die Allgemeinheit nicht ein Diesseits in mir gegen die Einzelheit der Gegenstände bleibt, sondern indem es sich negativ gegen die Dinge verhält und sich dieselben assimiliert, findet es die Einzelheit ebenso darin, läßt die Dinge gewähren und sich frei in sich bestimmen. Das begreifende Erkennen ist so die Einheit des theoretischen und praktischen Verhaltens" (Enz. II, 22 Zus.).

Die Naturphilosophie hat also die Synthesefunktion, indem sie einerseits sowohl in der Lage ist, die Dinge so zu erkennen, wie sie an sich sind, andererseits kann sie auch das Einzelne aus der Kenntnis eines konkreten Allgemeinen erfassen. Insofern behebt sie den Mangel des theoretischen Verhaltens, welchem das Einzelne durch das Allgemeine nicht zugänglich ist. Aber sie behebt auch den Mangel des praktischen Verhaltens, welches überhaupt keine Allgemeinheiten zu produzieren vermag. Es handelt sich hier übrigens wirklich um eine Synthese im Sinne der in Kapitel I.3 dargestellten Theorie der Dialektik von Wandschneider und nicht bloß um eine Vereinigung der beiden Momente. Zum einen sind theoretisches und praktisches Verhalten sich widersprechend, zum anderen gehören sie jedoch untrennbar zusammen, denn auch das theoretische Ver-

---

[117] Vgl. dazu auch Buchdahl 1973, 113.

[118] 'Deduktives Vorgehen' ist hier natürlich nicht als analytisches Vorgehen zu verstehen.

[119] Das deduktive Vorgehen führt somit zwar am Induktionsproblem vorbei, bringt aber entsprechend ein 'Deduktionsproblem' mit sich. Dieses 'Deduktionsproblem' wird aber nur an der Stelle ein wirkliches Problem, wo vom Begriff auf die Erfahrungswelt geschlossen wird. Das Deduktionsproblem habe ich hier bereits in Kapitel III.1 als Identifiktionsproblem behandelt.

halten hat ja im Wissen seinen Zweck, ebenso wie das praktische Verhalten theoretisches Wissen voraussetzt. Die naturphilosophische Methode liefert hier als Synthese nicht bloß eine Verbindung der beiden, sondern stellt aufgrund der von ihr gebildeten konkreten Allgemeinbegriffe eine Innovation dar.

4. Das Verhältnis von Naturphilosophie und Naturwissenschaft

Sowohl Naturwissenschaft wie auch Naturphilosophie gleichen sich nach Hegel darin, daß sie einen gedanklichen Zugang zur Natur suchen. Beide haben ein theoretisches Interesse und stellen demnach ein theoretisches Verhalten zur Natur dar. Die Naturwissenschaft interessiert sich, obschon sie auf die Wahrnehmung und damit das Einzelne in der Natur aufbaut, im Grunde für das Allgemeine.[120]

> „Indem die Naturphilosophie *begreifende* Betrachtung ist, hat sie dasselbe *Allgemeine*, aber *für sich* zum Gegenstand und betrachtet es in seiner *eigenen, immanenten Notwendigkeit* nach der Selbstbestimmung des Begriffs" (Enz. II, 15).

Aber, wie wir im vorigen Kapitel schon gesehen haben, macht der gemeinsame allgemeine Gegenstand von Naturwissenschaft und Naturphilosophie auch sogleich den Punkt aus, an dem sie sich unterscheiden. Während die Naturwissenschaft dieses Allgemeine aus der Erfahrung analysiert und abstrahiert, sucht die Naturphilosophie dasselbe als ein 'für sich Seiendes', also rein begrifflich, zu bestimmen.

> „Physik und Naturphilosophie unterscheiden sich also nicht wie Wahrnehmen und Denken voneinander, sondern nur *durch die Art und Weise des Denkens*; sie sind beide denkende Erkenntnis der Natur" (Enz. II, 11 Zus.).

Die unterschiedene Vorgehensweise von Naturwissenschaft einerseits, welche empirisch vorgeht, und Naturphilosophie mit einer rein begrifflichen Methode der Naturerkenntnis andererseits basiert nach Hegel dennoch auf einem gemeinsamen Interesse am Allgemeinen in der Natur. Daraus entwickelt er eine Art Kooperationsverhältnis der beiden:

> „Die Naturphilosophie nimmt den Stoff, den die Physik ihr aus der Erfahrung bereitet hat, an dem Punkt auf, bis wohin ihn die Physik

---

[120] Vgl. dazu Enz. II, 11 Zus.

gebracht hat, und bildet ihn wieder um, ohne die Erfahrung als die letzte Bewährung zugrunde zu legen" (Enz. II, 20 Zus.).

Naturphilosophie und Naturwissenschaft arbeiten somit nach Hegels Vorstellung Hand in Hand. Die Naturwissenschaft erforscht das Partikuläre und bildet daraus erst einmal *abstrakte Allgemeinbegriffe*. Die Naturphilosophie 'bildet diese dann um' in *konkrete Allgemeinbegriffe*. Die Begründung dieser konkreten Allgemeinbegriffe sind dann nicht mehr Erfahrungsdaten, sondern sie sind rein begrifflich zu begründen. Wie dieses Verhältnis näher zu denken ist, expliziert Hegel wie folgt:

> „Nicht nur muß die Philosophie mit der Naturerfahrung übereinstimmend sein, sondern die *Entstehung* und *Bildung* der philosophischen Wissenschaft hat die empirische Physik zur Voraussetzung und Bedingung. Ein anderes aber ist der Gang des Entstehens und die Vorarbeiten einer Wissenschaft, ein anderes die Wissenschaft selbst; in dieser können jene nicht mehr als Grundlage erscheinen, welche hier vielmehr die Notwendigkeit des Begriffs sein soll" (Enz. II, 15).

Es handelt sich also hier näher betrachtet um die Unterscheidung von *Entdeckungs-* und *Begründungszusammenhang*.[121] Die Naturwissenschaft ist für den *empirischen Prozeß der Entdeckung* von Naturphänomen und das abstrakte Fassen von deren Zusammenhängen zuständig. Die Naturphilosophie bringt diese Zusammenhänge dann in einen *logischen Begründungszusammenhang*. Es handelt sich also hier keineswegs um ein Verhältnis von Naturwissenschaft und Naturphilosophie, bei dem etwa die naturphilosophischen Ergebnisse empirisch geprüft oder gar korrigiert werden müßten. Hegel sieht die Naturphilosophie durchaus als etwas an, was, wenn es einmal in seinem Begründungszusammenhang steht, durch die Empirie nicht mehr angegriffen werden kann.[122]

Hier taucht jedoch erneut das Problem auf, was uns in Kapitel III.1 bereits einmal beschäftigte. Wenn die Überlegungen der Naturphilosophie die empirische Arbeit der Naturwissenschaften voraussetzen, was ist dann mit empirisch noch Unerkanntem? Wenn die Naturwissenschaft noch nicht alles erkannt hat, woher soll dann die Naturphilosophie ihren 'Stoff' nehmen? Nun haben wir aber festgestellt, daß wir davon ausgehen müssen, daß die Naturwissenschaft in der Tat noch nicht alles erkannt hat. Wenn der Naturphilosophie

---

[121] Vgl. dazu auch Hösle 1987, 81.
[122] Vgl. dazu auch Gies 1987, 78.

demnach nun aber dieses empirische Material nicht zur Verfügung steht, kann sie dann dennoch dessen begriffliche Strukturen erkennen?

In Kapitel III.1 ließ sich dieses Problem relativ leicht lösen: Die Naturphilosophie erarbeitet *unabhängig von jeglicher empirischer Erfahrung* begriffliche Strukturen, deren Pendant dann in der Erfahrung gesucht wird. Ist dieses empirisch nicht aufzufinden, haben wir zwar ein 'Identifikationsproblem', aber unsere naturphilosophischen Ergebnisse sind davon nicht berührt. Sie stellen nach wie vor notwendige begriffliche Strukturen der Natur dar. Nun bezeichnet Hegel jedoch die empirische Arbeit der Naturwissenschaft als eine *'Voraussetzung und Bedingung'* der Naturphilosophie. Eine Naturphilosophie ist also nur möglich, insoweit die empirischen Ergebnisse der Naturwissenschaft vorliegen.[123] Auch wenn die Voraussetzung der Naturwissenschaft für die Naturphilosophie bloß keine logische Prämisse, sondern lediglich eine Voraussetzung hinsichtlich des Entdeckungszusammenhangs ist, bleibt die fatale *Abhängigkeit* der Naturphilosophie von der Naturwissenschaft bestehen.[124] Denn im Grunde sagt Hegel ja damit, daß die Naturphilosophie keinen eigenen Entdeckungszusammenhang hat. Sie kann nur bereits Entdecktes in einen Begründungszusammenhang stellen. Damit ist die Naturphilosophie in ihrer Entwicklung als von der Naturwissenschaft abhängig bestimmt.[125]

---

[123] Vgl. dazu auch Webb 1980, 176.

[124] J.N. Findlay beklagt hier zurecht, daß Hegels Beschreibung des Verhältnisses von Naturphilosophie und Naturwissenschaft keinesfalls als klar bezeichnet werden kann: „Hegel gives no wholly clear account of the precise relation between his rational physics and the flourishing empirical sciences on which it obviously depends" (Findlay 1958, 270).

[125] M. Gies geht in einer Betrachtung der Durchführung des Hegelschen Programms seiner Naturphilosophie hier sogar so weit, festzustellen, Hegel hätte sich „– durch seine exzellenten Sachkenntnisse vielleicht verführt – zu sehr auf das Sprachspiel und den Zustand der zeitgenössischen Wissenschaften eingelassen, daß dies größtenteils sogar den Gang der Argumentation leitet. Nicht mehr nur die immanente Logik des Begriffs der Natur als 'Idee in der Form der Äußerlichkeit'. Fast könnte man sagen, daß sich sein System der Natur unter der Hand in ein System der zeitgenössischen Wissenschaften verwandelt hat" (Gies 1987, 78). Diese Kritik ist sicherlich nicht unberechtigt. Darüberhinaus stellt sie eine sehr plausible Erklärung für das Faktum dar, daß die Hegels Durchführung seines Programms der Naturphilosophie in weiten Teilen in der Tat sicherlich nicht als optimal bezeichnet werden kann. Auf diese Durchführung möchte ich in dieser Arbeit jedoch nicht eingehen.

Webb sieht in dieser Koexistenz von genetischer Abhängigkeit der Naturphilosophie von der Naturwissenschaft einerseits und begrifflicher Autonomie der Naturphilosophie andererseits kein Problem:

> „The Hegelian philosopher knows that nature is the Idea in the form of otherness. Because he possess such knowledge, the Hegelian philosopher is not *simply* receptive to the empirical data. His receptivity is selective, for he takes up into philosophy of nature only those data, which confirm the structure of the Idea. This structure is known in advance from the *Science of Logic*, and because nature itself is a form of the Idea it must also evince this structure even in its spaciotemporal externality" (Webb 1980, 180).

Der Naturphilosoph kennt nach Webb also bereits das, was begrifflich notwendig als eine bestimmte kategoriale Bestimmung der Natur zu fordern ist. Was ihm fehlt ist eben nur das empirische Pendant, das ihm dann die Naturwissenschaft liefern kann. Dabei stellt sich dann unweigerlich die Frage, welche Rolle das empirische Material angesichts des schon vorliegenden Wissens um die begrifflichen Strukturen noch spielen kann? Hegel bestimmte die Naturwissenschaft als eine *Voraussetzung der Entstehung* des Wissens um die begrifflichen Strukturen. Webb hat hier gewissermaßen das Problem der *genetischen Abhängigkeit der Naturphilosophie von der Naturwissenschaft* zum *Identifikationsproblem transformiert*. Dies rechtfertigt er jedoch dadurch, daß er davon ausgeht, daß die begrifflichen Bestimmungen der Naturphilosophie solange unvollständig bleiben, solange ihre empirische Entsprechung fehlt.[126] Damit ist eine rein apriorische Naturphilosophie nicht möglich und das Identifikationsproblem ist Webb zu einem *philosophischen Problem* ge-

---

[126] Daß begriffliche Strukturen jeweils ihrer empirischen Entsprechung bedürfen, um vollständig zu sein, begründet Webb im Rückgriff auf Hegels Überlegungen zur Identität von Form und Inhalt. Wenn wir nur die begrifflichen Strukturen wollen, „then we violate the chief requirement of Hegelian science: the unity of form and content. It follows that the empirical phenomena cannot serve as a mere illustration of a conceptual advance which would be complete and self-sufficient without them" (Webb 1980, 179). – Hier muß jedoch die Frage erlaubt sein, ob nicht gerade die Trennung eines bloß denkend zugänglichem Begriff von einer bloß empirisch erfahrbaren Entsprechung des Begriffs bereits dieser Forderung Hegels nach der Einheit von Form und Inhalt widerspricht? Dies wird sich im folgenden, ohne daß ich speziell auf die Frage eingehen werde, bewahrheiten.

worden.[127] Das aber stellt an dieser keinerlei Fortschritt dar. Die Rolle, welche Webb den empirischen Daten für die naturphilosophischen Überlegungen beimißt, löst keineswegs das Problem, daß die Naturphilosophie in ihrer Entwicklung vom Stand der empirischen Wissenschaft abhängig bleibt.[128]

Eine Abhängigkeit der Naturphilosophie von der Naturwissenschaft welcher Art auch immer stellt, wie ich zeigen werde, einen Widerspruch zur *Logizität der Natur* und der *Absolutheit der Logik* dar.[129] Diese beiden Aspekte fordern, wie ich sogleich zeigen werde, vielmehr eine *vollkommen autonome Naturphilosophie*. Wir haben bisher, wie bereits erwähnt, zwei entgegengesetzte Vorgehensweisen der Naturphilosophie kennengelernt. In Kapitel III.1 ist die Naturphilosophie als autonom und rein begrifflich vorgehend gekennzeichnet worden. Im Gegensatz dazu wurde hier die Naturphilosophie als zumindest in genetischer Hinsicht von der Empirie abhängig dargestellt. Diese letzte Bestimmung der Naturphilosophie steht,

---

[127] Damit relativiert Webb dann auch seine oben (Vgl. Anm. 107, S. 60) erwähnte 'Probeeinschätzung' des Identifiktionsproblems.

[128] Webb versucht diese Abhängigkeit zu relativieren: „What is decisive about this relation here is, that the necessity of the dialectical advance, though dependent on *some* empirical data, is not dependent on *any particular* set of empirical results" (Webb 1980, 186). Dies stellt m.E. jedoch einen fehlgeschlagenen Versuch dar. Indem der Naturphilosoph nicht auf bestimmte empirische Daten, sondern allgemein auf empirische Daten zurückgreift, soll ihn die Falsifikation einzelner empirischer Daten nicht mehr zu bekümmern zu brauchen. Was ist jedoch, wenn in einem bestimmten Bereich noch überhaupt keine oder gar nur falsche empirische Daten vorliegen? Dann ist Webbs Befreiung des Naturphilosophen von der Berücksichtigung bestimmter empirischer Daten Makulatur.

[129] Bereits eine bloße zeitliche Interpretation der Abhängigkeit der Naturphilosophie von den Naturwissenschaft, daß also der Naturphilosoph auf einzelwissenschaftliche Ergebnisse warten müßte, reicht im Grunde als Argument gegen die Hegelsche Konzeption des Verhältnisses von Naturphilosophie und Naturwissenschaft aus. Dem entgegen formuliert z.B. J. Doull in seiner Beschreibung dieses Verhältnisses bei Hegel, daß die Naturphilosophen warten müßten bis zum „point, where the 'ideas' of 'notions', which they assumed were to be found present and developed in their logical distinctions in what were for the scientists themselves empirical discoveries only" (Doull 1972, 396). In dieser Wartepflicht sieht er kein Problem. Was er jedoch übersieht ist, daß diese Wartepflicht auch bei einer bloß genetischen Abhängigkeit der Naturphilosophie von der Naturwissenschaft ewig bestehen bleibt. Naturwissenschaftliche Ergebnisse bleiben immer fallibel und Naturphilosophie darf sie nie von etwas derartigem abhängen. Die Naturphilosophie könnte demnach also nie anfangen.

so behaupte ich nun, im Widerspruch zum Begriff der Natur, so wie dieser vor allem in Kapitel II.2 erarbeitet wurde.

Wenn wir davon ausgehen, daß die Natur aus Logik in einer bestimmten Form ihrer selbst besteht und diese Logik außer sich selbst nichts weiteres voraussetzt, so muß auch das logische Denken, welches die Natur als eine Form der Logik denkt, in vollkommener Abwesenheit aller nichtideellen Bewußtseinsinhalte möglich sein. Auch wenn die Erfahrung nur in *genetischer Hinsicht* für die naturphilosophische Begriffsbildung notwendig ist, so zieht die *Notwendigkeit dieser Abhängigkeit* doch einen *Verlust der Apriorizität* der naturphilosophischen Begriffe mit sich. Das logische Denken bewegt sich ja ausschließlich in der Sphäre der voraussetzungslosen Logik. Bildet diese nun als eine ihrer Formen die Natur, so kann auch das logische Denken diese Form der Logik, welche die Natur darstellt, rein gedanklich erfassen. Müßte das Denken nun dazu die Sphäre der reinen logischen Gedanken verlassen, und etwa die Empirie zur Hilfe nehmen, so hätte das eine der folgenden beiden, gleichsam unliebsamen Implikationen: (a) Die *Logik ist nicht voraussetzungslos.* Damit gäbe es etwas außerhalb des Denkens, was zum logischen Denken der Natur hinzugenommen werden müßte. Das könnte dann Gegenstand der Naturwissenschaft sein. Oder (b) die *Natur besteht nicht nur aus Logik.* Das hätte zur Folge, daß es z.B. nur empirisch zugängliches Natursein geben könnte, was dann nicht apriori logisch-begrifflich faßbar wäre, sondern sich z.B. nur in naturwissenschaftlichen abstrakten Allgemeinbegriffen fassen ließe. Beide Alternativen sind jedoch in dieser Arbeit bereits widerlegt worden. Die Argumente gegen die Alternative (a), die Hegels gesamtes System stark relativieren würde, finden sich in Kapitel I (vor allem Kap. I.2) und die Option (b) wurde in Kapitel II.2 widerlegt.

Es ist also davon auszugehen, daß die *Naturphilosophie als ein vollkommen autonom durchführbares Projekt* zu betrachten ist. Damit erübrigt es sich, die Frage nach der Durchführbarkeit der Naturphilosophie im Hinblick auf die unabgeschlossene Arbeit der Naturwissenschaft erneut zu stellen. Dieses Problem hätte sich bei genauerer Betrachtung als ein unlösbares Problem erwiesen, denn es ist wohl davon auszugehen, daß die Naturwissenschaft aufgrund ihres Gegenstandes, der sich der Empirie als unendlich partikulär darbietet, nie zu einem Ende kommen wird. Zu dem käme das Moment der Entwicklung der Naturwissenschaften (z.B. der Wechsel vom geozentrischen zum heliozentrischen Weltbild bei Kopernikus), was deren Ergebnisse in gewisser Weise historisch relativiert.[130] Insofern wäre die Naturphilosophie in der aporetischen Situation gewesen, einen sich ständig selbst relativierenden Entdeckungszusammenhang zu haben.

Angesichts einer autonomen Naturphilosophie müssen jedoch zwei Punkte neu geklärt werden. Zum einen stellt sich die Frage nach der Reichweite der autonomen Naturphilosophie. Kann sie auch noch das kleinste Naturseiende ableiten? Daß sie dies kann wäre zumindest als logische Konsequenz ihrer Autonomie anzunehmen. Damit eng verknüpft ist zum anderen die Frage nach der Rolle, die in Anbetracht einer autonomen Naturphilosophie der Naturwissenschaft dann noch zukommen kann.

Zuerst jedoch zur Frage der *Reichweite der Naturphilosophie*. Hegels Ausführungen hierzu sind wiederum widersprüchlich. Hier setzt sich der Widerspruch der Hegelschen Konzeption einer nichtautonomen Naturphilosophie gewissermaßen fort:

> „Spuren der Begriffsbestimmung werden sich allerdings bis in das Partikulärste hinein verfolgen, aber dieses sich nicht durch sie erschöpfen lassen" (Enz. II, 35).

Das heißt nun aber nichts anderes, als daß eben nicht alles in der Natur begrifflich zu erschließen ist. Das wiederum würde Raum für naturwissenschaftliche Erkenntnis schaffen. Es hieße nämlich, daß es einen Bereich in der Natur gäbe, der *rein begrifflicher Deduktion nicht zugänglich* ist, der aber dennoch – gemäß Hegels Kooperationskonzept von Naturphilosophie und Naturwissenschaft – durch die Naturwissenschaft dem begrifflichen Denken zur Verfügung gestellt werden kann. Die Naturwissenschaft hätte dann die Aufgabe, eben diejenigen Bereiche, die rein begrifflich nicht zugänglich sind, mit ihrer Methode – also aus der Wahrnehmung abstrakt allgemeine Begriffe bildend – für die Arbeit der Naturphilosophie vorzubereiten.

Eine solches *arbeitsteiliges Verhältnis von Naturphilosophie und Naturwissenschaft* wird von Hösle favorisiert, der

> „eine grundsätzliche Eigenständigkeit der Erfahrungswissenschaften, [...] eine Sphäre, die dem apriorischen Begriff prinzipiell nicht zugänglich ist" (Hösle 1987, 86 f.).

---

[130] Dieses Moment der Geschichtlichkeit der Naturwissenschaft hat Hegel überhaupt nicht berücksichtigt. Vgl. dazu Gies 1987, 77.

fordert. Hösle geht in dieser Forderung sogar noch einen Schritt weiter als Hegel. Hegel selbst hatte diesen begrifflich nicht apriorisch erschließbaren Bereich der Natur ja nur im 'Partikulärsten' gesehen. Hösle aber geht von einer prinzipiellen Aufteilung der Natur in einen Bereich, für den bloß die Naturwissenschaft zuständig ist und einen anderen Bereich, welcher der Naturphilosophie zukommt:

> „Hiermit sind gewisse Grenzen zwischen Philosophie und Einzelwissenschaft angegeben – Grenzen, die die Philosophie zu Unrecht überschreitet, wenn sie Dinge deduzieren möchte, die innerhalb einer bestimmten einzelwissenschaftlichen Theorie selbst schon erklärt werden können. Hegel selber ist dieser Gefahr oft erlegen" (Hösle 1987, 87).

Die Naturwissenschaften haben sich also nach Hösle mit den empirischen Details zu beschäftigen, während die Naturphilosophie ausschließlich allgemeine Strukturen ableiten kann.

Die Kritik an dieser Position ist analog zur oben ausgeführten Kritik an Hegels Konzept der genetischen Abhängigkeit der Naturphilosophie von der Naturwissenschaft. Wenn es einen Bereich gibt, welcher dem apriorischen Denken der Naturphilosophie nicht zugänglich ist, so stellt dies einen Widerspruch zur Logizität der Natur und zur Absolutheit der Logik dar. Das Partikuläre in der Natur wäre ja dann ausschließlich empirisch zu erschließen. Insofern könnte dieses partikuläre Natursein entweder nicht ideell bestimmt sein, oder das logische Denken könnte nicht unhintergehbar sein. Beide Alternativen sind aber hier abzulehnen. Also muß davon ausgegangen werden, daß *alles in der Natur der apriorischen Naturphilosophie zugänglich ist*. Damit ist die Naturphilosophie als wirklich autonom bestimmt.

Das Ergebnis, daß der Naturphilosophie alles Sein in der Natur zugänglich ist, läßt sich jedoch in einer Hinsicht relativieren. Einen Zugang zu dieser Hinsicht liefert Hegel in seiner Kritik von Krug, welcher eine Deduktion seiner Schreibfeder von einer apriorischen Naturphilosophie verlangt:

> „Man hätte ihm etwa zu dieser Leistung und respektiven Verherrlichung *seiner* Schreibfeder Hoffnung machen können, wenn dereinst die Wissenschaft so weit fortgeschritten und mit allem Wichtigeren im Himmel und auf Erden in der Gegenwart und Vergangenheit im Reinen sei, daß es nichts Wichtigeres mehr zu begreifen gebe" (Enz. II, 35 Anm.).

Das wesentliche Moment, was hier die Leistung der Naturphilosophie einzuschränken vermag, ist nicht etwas Logisches, sondern es liegt in der *Endlichkeit des Naturphilosophen*.[131] Obschon alles in der Natur dem apriorischen Denken zugänglich ist, ist es dennoch aufgrund seiner unendlichen Partikularität nicht zugleich und gleichermaßen zugänglich. Trotz der Ableitbarkeit allen Naturseins ist die Realisation eines 'Laplaceschen Dämons' – also ein vollkommen detailiertes Wissen über alle Naturphänomene in der Zukunft, Vergangenheit und Gegenwart – ein Ding der Unmöglichkeit.[132]

Diese Unmöglichkeit ist jedoch *nicht in einem logischen Sinne* gegeben. Jedes noch so partikuläre Natursein ist logisch und insofern auch apriori logisch einsehbar. Aber die Summe all dieser Partikularitäten ist für das endliche menschliche Bewußtsein natürlich nicht auf einmal zu fassen. Insofern ließe sich – was ja auch Hegel so zu sehen scheint – Krugs Schreibfeder in der Tat deduzieren. Nur befinden sich derartige Einzeldinge, wie z.B. eine bestimmte einzelne Schreibfeder, bereits auf einer Ebene der Konkretion, welche für das menschliche Bewußtsein bereits so speziell ist, daß die Auswahl gerade einer bestimmten Schreibfeder als Gegenstand der Deduktion wohl kaum mehr zu rechtfertigen wäre.[133] Die Naturphilosophie muß sich vielmehr vorrangig (und nicht notwendig ausschließlich, wie Hösle dies sieht) den konkret-allgemeinen Struktu-

---

[131] Alexander interpretiert Hegels Ausführungen an dieser Stelle als eine Limitation der Möglichkeiten der Naturphilosophie. Diese Interpretation führt ihn dann zu einem Zweifel an der Hegelschen Naturphilosophie als solcher: „May it not be that the inability of philosophy to understand the great body of facts familiar to us as variety, modifications, multiplicity, accident, is not due to the weakness of nature, but suggests a problem for philosophy itself?" (Alexander 1886, 517). Eben dieses Problem ist m.E. ein Argument dafür, keine Beschränktheit der Naturphilosophie anzunehmen.

[132] Auch Hösle macht dieses Moment geltend: „Denn wenn es auch inkonsistent ist, wie Kant von den Grenzen der menschlichen Vernunft als solcher zu sprechen, so ist es sehr wohl sinnvoll, von den Grenzen des einzelnen Individuums auszugehen" (Hösle 1987, 81). Hösle steckt diese individuellen Grenzen jedoch viel enger, als ich das hier tue. So scheidet für Hösle die Möglichkeit eines Laplaceschen Dämons bereits aus, indem er die Anfangsbedingungen von Naturprozessen für kontingent hält (vgl. Hösle 1987, 92 f.).

[133] Die Herausforderung durch Krug, der ja diese Deduktion gewissermaßen als Beweis ihrer Möglichkeit forderte (vgl. Enz. II, 35 Anm.), kann hier keinesfalls ein Rechtfertigungsgrund sein. Denn ein solcher Beweis wäre ja ein empirischer Beweis für einen logischen Sachverhalt. Indem man *eine* Schreibfeder deduziert zeigt man ja nicht, daß *alles Partikuläre* in der Natur deduzierbar ist.

ren der Natur zuwenden. Ist sie im Besitz derselben, so hat sie aber damit nicht nur die Natur als Ganze begriffen, sondern – aufgrund des konkret-allgemeinen Charakters derselben – zugleich die Mittel in der Hand, ihr allgemeines Wissen zu konkretisieren. Daß dabei bis zu singulären Naturereignissen fortgeschritten werden kann, muß zwar als *logisch möglich*, jedoch – aus den oben genannten Gründen – als *faktisch nicht oder nur sehr schwer realisierbar* angesehen werden.

Damit haben wir nun zugleich einen Platz für die Naturwissenschaft geschaffen. Wenn auch Schreibfedern die Naturphilosophie nicht interessieren brauchen, so gibt es dennoch einen anderen Bereich des menschlichen Lebens, in dem gerade solche partikulären Dinge eine wichtige Rolle spielen. Dies ist der Bereich des *praktischen Verhaltens*. Hier interessieren, wenn Schreiben der Zweck ist, nicht die Kategorien der Natur den Schreibenden, sondern z.B. die Funktionstüchtigkeit seiner Schreibfeder. Praktisches Verhalten ist aber in Kapitel III.2 so bestimmt worden, daß es ein theoretisches Verhalten in einem gewissen Maße voraussetzt. So muß etwa zum Zweck des Schreibens das theoretische Wissen um die Schreibfeder hinreichend sein, um damit schreiben zu können. Die Naturwissenschaft füllt nun diese Rolle eines theoretisches Erkennens für praktische Anwendungsfälle genau aus. Diesen Ansatz zu einer *Neubestimmung der Rolle der Naturwissenschaft* hinsichtlich der *Autonomie der Naturphilosophie*, werde ich nun im folgenden weiter explizieren.[134] Ein solches Unternehmen ist, auch wenn es dabei nicht direkt um Naturphilosophie geht, hier dennoch sehr sinnvoll. Denn angesichts einer autonomen Naturphilosophie könnte man ja etwa annehmen, daß man überhaupt keine Naturwissenschaft mehr bräuchte.

Ein Hinweis der diese Neubestimmung der Rolle der Naturwissenschaft nahelegt, ergibt sich bereits durch eine kritische Prüfung des uns bisher von Hegel bekannten *Konzepts der Naturwissenschaft*. Hegel bestimmte die Naturwissenschaft, wie wir gesehen haben,[135] als *theoretisches Verhalten zur Natur*. Wir haben aber dann gesehen, daß dieses rein theoretische Verhalten durch die autono-

---

[134] Eine der Naturwissenschaft von Hegel bereits zugewiesene Aufgabe, ist uns ja bereits schon aus Kapitel III.1 bekannt. Dies ist die Identifikation von naturphilosophisch gewonnenen Begriffen mit ihnen entsprechenden Erfahrungsgegenständen.
[135] Vgl. Kap. III.2.

me Naturphilosophie als die Synthese von theoretischem und praktischem Verhalten überflüssig wird. Der Naturwissenschaft bleibt als reinem theoretischen Verhalten keine Aufgabe mehr erhalten. Bei genauerer Betrachtung wird jedoch deutlich, daß es ohnehin nicht korrekt ist, Naturwissenschaft als ein rein theoretisches Verhalten zur Natur zu betrachten. Sie erhält vielmehr durch die von ihr eröffneten *technischen Möglichkeiten* eine zusätzliche *praktische Dimension*. Das ist ein Punkt, auf den Hegel überhaupt nicht eingeht. Zwar bestimmt er das praktische Verhalten als ohne theoretisches Verhalten nicht denkbar,[136] aber daß auch das theoretische Verhalten eine *praktische Dimension* hat, scheint ihm völlig zu entgehen. Naturwissenschaft ist aber vielmehr ohne diese praktische Dimension undenkbar. Ihre Ergebnisse müssen ja empirisch ausweisbar sein. Das wiederum wird durch *Experimente*, also durch praktisches ausprobieren, der eventuell rein denkend gewonnenen Einsichten geleistet. Eine rein denkend vorgehende Naturwissenschaft wäre ja nichts anderes als Naturphilosophie.

Um dies deutlicher zu machen, ist ein Vergleich der Naturwissenschaft mit der alltäglichen Erfahrung ganz hilfreich. Bei Hegel finden sich diese beiden bereits eigentümlich verknüpft:

„Wenn die Physik indessen nur auf Wahrnehmung beruhte und die Wahrnehmungen nichts wären als das Zeugnis der Sinne, so bestände das physikalische Tun nur im Sehen, Hören, Riechen usw., und die Tiere wären auf diese Weise auch Physiker. Es ist aber ein Geist, ein Denkendes, welches sieht, hört usw." (Enz. II, 16 Zus.).

Hegel trennt also hier nur das rein phänomenale Wahrnehmen, die bloße Reizaufnahme, vom naturwissenschaftlichen Denken. Insofern muß das *Verarbeiten von Wahrnehmungsdaten* wohl schon als eine rudimentäre Form dieses naturwissenschaftlichen Denkens gesehen werden. Dieses Verarbeiten von Wahrnehmungsdaten ist aber sicherlich kein Patent der Naturwissenschaften.[137] Im Gegenteil gehört die Verarbeitung wesentlich zur Wahrnehmung.[138]

---

[136] Vgl. Enz. II, 13.

[137] So auch Harris: „At the common-sense level the world is not barely perceived it is also understood, but in abstract and contradictory terms" (Harris 1974, 136).

[138] Mit dieser Feststellung läßt sich auch S. Alexanders Trennung von Erfahrung und Naturwissenschaft angreifen. According to Alexander „science rises a step further above sense, for the sensible facts are transformed into vehicles of a law in which their sensuous character is obligerated" (Alexander 1886, 497).

Eine Unterscheidung von *alltäglicher empirischer Erfahrung* und *Naturwissenschaft* ist somit keineswegs eine Frage der Methode. Die alltägliche Erfahrung kann nicht als ein rein praktisches Verhalten zur Natur bestimmt werden, während dann in Abgrenzung dazu Naturwissenschaft ein rein theoretisches Verhalten wäre. Naturwissenschaftliche Erkenntnisse entstehen im Grunde vielmehr auf genau dem selben Weg wie unsere Alltagserfahrungen; eben durch Verallgemeinerung signifikanter gemeinsamer Merkmale unterschiedlicher Erfahrungsdaten. Der Unterschied ist lediglich die bewußtere und reflektiertere Anwendung der gemeinsamen Methode in der Wissenschaft.[139] Hier werden nicht bloß zufällige Erfahrungen gemacht, die dann eventuell wieder vergessen werden können. Vielmehr wird gezielt mit Hilfe von *Experimenten* nach Wissen gesucht. Die Ergebnisse sind dann aufgrund der sozialen Organisationen, welche die Naturwissenschaften ausgebildet haben, nicht bloß auf den einzelnen, welcher Erfahrungen macht, beschränkt.[140]

Die alltägliche Erfahrung kann nun ihrerseits als ein theoretisches Hilfsmittel zu Bewältigung alltäglicher praktischer Aufgaben bestimmt werden. So sind die Fähigkeiten unserer Sinne ja evolutiv

---

Was Alexander hier nicht sieht ist eben, daß die 'sensible facts' als solche bereits einen theoretischen Charakter haben, der ihnen durch die Verarbeitung der Wahrnehmung zukommt. In modernen wissenschaftstheoretischen Diskursen ist diese Auffassung, daß Wahrnehmung immer eines theoretischen Hintergrundes bedarf, bereits allgemein akzeptiert (vgl. Harris 1974, 143).

[139] Harris sieht den Unterschied von Alltagserfahrung und naturwissenschaftlichen Ergebnissen darin, daß letztere *Allgemeingültigkeit* beanspruchen: „The sensuously apprehended object has already been determined, in the perception, by thought [...] and for scientific observation the object must have universal significance" (Harris 1974, 138). Dies betrifft jedoch nicht die jeweilige Methode, sondern bloß die Interpretation des Ergebnisses. Einen methodischen Unterschied sieht Harris in folgendem: „For natural science, therefor, though the medium of investigation is sence-observation, it is not simply fortuitous perception, but is directed by the question raised and the explanations sought" (Harris 1974, 138). Gezieltes Suchen ist jedoch allenfalls ein quantitativer Unterschied von bloßer Wahrnehmung und wissenschaftlicher Beobachtung; es betrifft ja bloß die Wahrscheinlichkeit des Fortschritts. Damit ist noch kein prinzipieller methodischer Unterschied namhaft gemacht.

[140] Das Verarbeiten von Wahrnehmungsdaten muß in rudimentären Formen sogar schon Tieren zugesprochen werden. Daß Tiere damit aber dennoch keine Physiker sind, wird, so denke ich, hinreichend dadurch verhindert, daß Tieren die organisierte Kommunikation ihres Erfahrungswissens fehlt. Selbst wenn Tiere Physiker wären, so hätten sie dennoch keine Physik.

an unsere biologischen Aufgaben angepaßt. Naturwissenschaft geht von dieser Naturerfahrung aus und kommt zu abstrakten Allgemeinbegriffen. Diese empirische Untersuchung von Ursache-Wirkungs-Beziehungen liefert unmittelbar praktisch verwendbare Resultate. Der Grund liegt darin, daß die naturwissenschaftliche Analyse von Kausalitätsbeziehungen auf der Beobachtungsebene beginnt und sukzessiv zu tieferen Strukturen übergeht, d.h., sie beginnt auf der Ebene, auf der praktisches Handeln stattfindet und kann so unmittelbar von diesem genutzt werden. Naturwissenschaftliches Experiment und die technische Nutzung naturwissenschaftlicher Ergebnisse sind ja im Grunde identische Vorgänge; lediglich mit unterschiedlichem Verwendungszweck. Hier ist die Naturwissenschaft nicht durch eine Naturphilosophie ersetzbar, die bei allgemeinsten Begriffen anfängt und nur sehr langsam zur Konkretisierung derselben voranschreitet.

Die Erfolge der Naturwissenschaften, die uns davon abhalten, sie (und seien sie aus logischer Sicht noch so abstrus) für obsolet zu halten, sind ihre praktisch nutzbaren Resultate, nicht ihre unhintergebaren Wahrheiten. Die Naturwissenschaft ist ja im Hegelschen System auch nicht Teil des 'absoluten Geistes', sondern der vorhergehenden Sphären der Entwicklung des Geistes, also dem subjektiven und objektiven Geist als Sphären der endlichen Zwecke, zuzuordnen. Als soziale Einrichtung sind die empirischen Wissenschaften, als Voraussetzung der Technik, welche wiederum die Erfüllung endlicher Zwecke garantiert, keineswegs obsolet. Naturwissenschaft ist somit als theoretisches Verhalten zu sehen, welches die Rahmenbedingungen für praktisches Verhalten weitgehend zu klären versucht. Im Vordergrund steht nicht die Frage nach dem 'Sein' der Natur, sondern die Frage nach deren Funktionsprinzipien; also Naturgesetzen.[141] Man will in der Naturwissenschaft weniger wissen was die Dinge, die den Menschen umgeben, sind, sondern wie sie sich verhalten. Man könnte alles in allem sagen, ein Physiker, dem es um notwendige Wahrheiten geht, ist mit seinen naturwissenschaftlichen Methoden ein ebenso hoffnungsloser Fall, wie ein Naturphilosoph, der versucht, sich eine Reperaturstrategie für seinen Fernseher aus dem Begriff der Natur zu deduzieren.

Die Rolle der Naturwissenschaft liegt also nicht in einer reinen theoretischen Aufgabe, sondern in der Rückbindung dieser theoreti-

---

[141] Vgl. dazu auch Harris 1974, 146 f.

schen Aufgaben an praktische Zwecke. Dieses Ergebnis gibt nun nicht mehr Hegels Position wieder. Es hat sich jedoch gezeigt, daß Hegels Überlegungen an dieser Stelle widersprüchlich waren. Von daher war eine Korrektur der Hegelschen Position erstrebenswert. Daß diese Korrektur möglich war, zeigt damit nämlich, daß der hier bei Hegel auftauchende Widerspruch nicht das Unternehmen seiner Naturphilosophie als solches gefährdet.

IV. Die Struktur der Natur

Bisher haben wir uns mit dem Hegelschen Naturbegriff beschäftigt. Dieser ermöglichte eine Klärung sowohl der ontologischen Bestimmung der Natur als auch des erkenntnistheoretischen Verhältnisses von Mensch und Natur. Wesentlich dabei ist, daß die Natur als 'Idee in der Form des Anderseins' logisch bestimmt werden konnte. Diese Bestimmung der Natur sagte uns zuerst einmal, daß die Natur etwas Ideelles ist. Nun interessiert uns jedoch auch, wie dieses Anderssein der Idee sich darstellt; also wie die Natur naturphilosophisch zu denken ist. Damit ist die Struktur der Natur thematisiert.

Es ist an dieser Stelle noch wichtig zu erwähnen, daß meine Betrachtungen zur *Struktur der Natur* bei Hegel sich *nicht* mit der *Strukturierung der Naturphilosophie* auseinandersetzen. Mit Hegels Einteilung der Natur in Mechanik, Physik und Organische Physik möchte ich mich hier deswegen nicht auseinandersetzen, weil in dieser Arbeit ja nur die allgemeinen Überlegungen zur Struktur der Natur thematisch sind. Diese Strukturüberlegungen betreffen nun nicht die Grobeinteilung der Naturphilosophie, sondern vielmehr Überlegungen zum Verhältnis der Kategorien in der Naturphilosophie. Von daher wird in Kapitel IV.1 Hegels Anfang der Naturphilosophie untersucht. Hier werden einige Unklarheiten auftauchen, was Hegels Vorgehensweise angeht. In Kapitel IV.2 folgen dann allgemeinere strukturelle Überlegungen. Kapitel IV.3 setzt sich dann mit Hegels Konzeption der Entwicklung des Naturseins auseinander. Hier wird vor allem der Hegelsche Evolutionsbegriff diskutiert. In Kapitel IV.4 soll dann abschließend Hegels teleologische Deutung der Entwicklung des Naturseins betrachtet werden.

1. Hegels Anfang der Naturphilosophie

Der Begriff des '*Anderseins der Idee*' ist uns bisher als Anfangskategorie der Hegelschen Naturphilosophie bekannt. Begründet ist dieser kategoriale Anfangspunkt der Naturphilosophie in der Logik. Die erste allgemeinste Bestimmung der Natur soll die komplementäre Negation der logischen Kategorie der 'absoluten Idee' sein. Dies ist die Bestimmung des Begriffs 'Anderssein der Idee'. Damit ist die Anfangskategorie der Naturphilosophie logisch geklärt.

Bei Hegel findet sich nun eine Umdeutung des Begriffs 'Anderssein der Idee' zum Begriff des 'Außereinanderseins':

> „Die Natur ist das Negative der Idee, das nicht ideelle Subjektive; sie ist sich das Äußerliche" (NP. 9/13 f.).

Diese Bestimmung der Idee als dem 'sich selbst Äußerlichsein' kann dann auch als 'Außersichsein' oder 'Außereinandersein' verstanden werden. Hegel benutzt diese Termini synonym. Im folgenden werde ich nun aufzeigen, wie Hegel, mit dem Begriff des 'Außersichseins' beginnend, dann weiter verfährt.

Der erste Teil der Naturphilosophie ist bei Hegel die 'Mechanik'. Ihr Gegenstand ist das 'Außereinandersein', das 'unendlich vereinzelte' in der Natur.[142] Der von mir hier betrachtete Teilabschnitt ist nur der Anfang der 'Mechanik', dessen Gegenstand Hegel als das 'abstrakte Außereinander' bestimmt:

> „Die erste unmittelbare Bestimmung der Natur ist die abstrakte *Allgemeinheit ihres Außersichseins*, – dessen vermittlungslose Gleichgültigkeit, *der Raum*. Er ist das ganz ideelle *Nebeneinander*, weil er das Außersichsein ist, und schlechthin *kontinuierlich*, weil dies Außereinander noch ganz *abstrakt* ist und keinen bestimmten Unterschied in sich hat" (Enz. II, 41).

Bei dieser ersten Bestimmung des abstraktesten Naturseins, können wir bereits wichtige Einsichten vorhergehender Überlegungen anwenden. Wir müssen unterscheiden zwischen (a) dem Begriff des '*abstrakt allgemeinen Außersichseins*' und (b) dem Begriff '*Raum*'. Während es sich im Fall (a) um eine *naturphilosophische Kategorie* handelt, ist bei (b) bloß der *identifizierte Erfahrungsgegenstand* namhaft gemacht. Hegel sagt dies explizit im Zusatz desselben Paragraphen:

> „Indem unser Verfahren dies ist, nach Feststellung das durch den Begriff notwendigen Gedankens, zu fragen, wie er in unserer Vorstellung aussehe, so ist die weitere Behauptung, daß dem Gedanken des reinen Außersichseins in der Anschauung der Raum entspreche. Irrten wir uns hierin, so ginge das nicht gegen die Wahrheit unseres Gedankens" (Enz. II, 42 Zus.).

Eine fehlerhafte Identifikation von Begriff und Erfahrung ist völlig argumentationsunschädlich. Sie kann jederzeit korrigiert werden

---

[142] Vgl. Enz. II, 37.

und betrifft die philosophische Argumentation nicht. Andererseits ist hier wichtig festzuhalten, daß die Bestimmung (b) aber auch keinesfalls als argumentative Basis für die weitere kategoriale Entwicklung genutzt werden darf.[143] Entsprechend ist dann die Bestimmung des 'Nebeneinanders' das in der Erfahrung identifizierte Moment des 'Außersichseins', und diesem kommt in der Erfahrung als Identifikation des Momentes der *Abstraktheit* die Eigenschaft *kontinuierlich* zu sein zu.[144]

Hegel geht weiter und bestimmt als *komplementäre Negation* des *Raums* den *Punkt*.[145] Der Begriff des Punktes sollte nun zunächst bloß eine *Identifikationsbestimmung* sein. Mit 'Punkt' verbinden wir ja durchaus etwas in der Anschauung. Wir können zwar keine Punkte sehen, aber die Vorstellung eines Punktes ist dennoch an unsere anschauliche Vorstellung des Raums gebunden. Eine rein begriffliche und damit anschauungsfreie Bezeichnung für den Begriff 'Punkt' findet sich bei Hegel jedoch nicht. Es ist natürlich möglich, diese aufgrund der Bestimmung von 'Punkt' als komplementärer Negation des *abstrakten Außereinanderseins*, z.B. als *konkretes Außereinandersein* zu fassen. Diese Unachtsamkeit Hegels stellt mithin noch keinen argumentativen Defekt dar. Es muß hier jedoch daran erinnert werden, daß Hegel ja neben der Identifikation von Begriffen in der Erfahrung, wie in Kapitel III.4 dargestellt, ebenfalls noch die Möglichkeit des begrifflichen Auffassens empirisch gewonnener Zusammenhänge zuläßt. Diese Möglichkeit haben wir jedoch als Weg zur Gewinnung apriorischer Denkbestimmungen als problematisch bewerten müssen, da sie qua Empirie eine fallible Basis zugrundelegt. Im Folgenden möchte ich nun zeigen, daß Hegels Argumentation mehr und mehr den apriorischen Pfad der Tugend verläßt und sich der Empirie ausliefert. Wie damit umzugehen ist, soll geklärt werden, wenn der Tatbestand gesichert ist.

Hegel geht vom Begriff des Punktes als Negation des Raumbegriffs wie folgt weiter:

---

[143] Zur Identifikation von kategorialen Bestimmungen in der Erfahrung vgl. Kapitel III.1

[144] Das Moment der 'abstrakten Allgemeinheit' ist hier übrigens vom in Kapitel III.3 dargestellten Begriff der abstrakter Allgemeinbegriffe zu unterscheiden. Dort handelte es sich um ein erkenntnistheoretische Bestimmung einer Form von Begriffen als Erkenntnisgegenstand. Hier handelt es sich um eine ontologische Bestimmung der Form des betreffenden Naturseins.

[145] Vgl. Enz. II, 42; 44.

> „Die Negation ist aber die Negation *des Raums*, d.i. sie ist selbst räumlich; der Punkt als wesentlich diese Beziehung, d.i. als sich aufhebend, ist die *Linie*, das erste Anders-, d.i. Räumlich*sein* des Punktes" (Enz. II, 44).

Der *Punkt* als Entsprechung des Begriffs 'Punkt' ist also als Negation des Begriffs 'Raum' selbst räumlich. Dies ist völlig anschauungsfrei verstehbar. Ein Punkt ist ja nicht als *reines Nichträumlichsein* bestimmt worden, sondern als *komplementäre Negation* von 'Raum', die ihrerseits das Moment der Räumlichkeit durchaus noch enthält.[146] Das Räumlichsein des Punktes ist nun zugleich sein Anderssein, denn 'Punkt' ist ja die Negation des Raumbegriffs. Dieses 'Anderssein des Punktes' bestimmt Hegel nun als '*Linie*'.

> „Die Wahrheit des Andersseins ist aber die Negation der Negation. Die Linie geht daher in *Fläche* über, welche einerseits eine Bestimmtheit gegen Linie und Punkt, und so Fläche überhaupt, andererseits aber die aufgehobene Negation des Raums ist, somit Wiederherstellung der räumlichen Totalität, welche nunmehr das negative Moment an ihr hat" (Enz. II, 44 f.).

Die Linie als Anderssein des Punktes bedarf nun aus begrifflichen Gründen der Fläche. Die Linie ist als Räumlichsein des Punktes eine positive Bestimmung. Die komplementäre negative Bestimmung war der Punkt selbst als Negation des Raumes. Die Fläche ist nun als Synthese – von Hegel auch als 'Negation der Negation' bezeichnet – die 'Wiederherstellung der räumlichen Totalität'. Man hat nun gewissermaßen einen in sich strukturierten Raum.

Diese Begriffsentwicklung stellt nun ein etwas seltsames Gebilde dar.[147] Was hier die Ausführungen Hegels so seltsam erscheinen läßt, ist die Kombination der *dialektischen Struktur* einerseits mit

---

[146] Wandschneider sieht in diesem 'Räumlichsein des Punktes', „daß der Raum so etwas wie *Lokalisierung* gestattet" (Wandschneider 1982, 45). Diese Lokalisierung sieht er als Bestimmung des Anfangs ja noch unbestimmten Begriffs 'Raum': „Der abstrakte Begriff des Raums enthält eo ipso die Forderung räumlichen Bestimmens, und dies meint im Hinblick auf den Raum eben nicht: *unter* einen Begriff *subsumieren*, sondern *im Raum lokalisieren*" (Wandschneider 1982, 45 f.). 'Lokalisierung' ist demnach ebenfalls als Identifikationsbestimmung zu verstehen.

[147] Eine ähnliche Kritik übt auch Wandschneider: „Daß die Phänomenanalyse bei diesem Vorgehen möglicherweise zu kurz kommt, ist nicht von der Hand zu weisen. Ein gewisses Defizit in punkto Anschaulichkeit ist in der Tat nicht zu leugnen" (Wandschneider 1992, 63).

Begriffen die sich auf Naturdinge beziehen andererseits. Eine Feststellung Wandschneiders hierzu trifft diesen Gedanken:

„Die *Reinheit* dialektischer Begriffsentwicklung wird mit einem Defizit an sachspezifischer Evidenz erkauft" (Wandschneider 1982, 63).

Ich möchte hier jedoch noch einen Schritt weitergehen und behaupten, daß die dialektische Begriffsentwicklung in der Form, wie sie Hegel hier vorstellt, einfach nicht zum Gegenstand der Naturphilosophie paßt. Wenn Hegel den Punkt als die Negation des Raums oder die Fläche als Synthese von Punkt und Linie bezeichnet, läßt sich damit kein Sinn verbinden. Punkt und Raum sind nichts begriffliches und Negation ist eine Relation von Begriffen.

Es gibt nun eine Lesart der Hegelschen Ausführungen, welche Naturdinge und Dialektik vereinbar erscheinen läßt. Es handelt sich dabei um die uns aus Kapitel II.2 von Wandschneiders Deutung her bekannte *ontologische Trennung von Naturbegriff und Naturding.* Diese habe ich bei der obigen Explikation der Hegelschen Ausführungen bereits mitberücksichtigt, indem ich Kandidaten für intensionale Bestimmungen zur Unterscheidungen von extensionalen Bestimmungen durch '...' gekennzeichnet habe. Hegel trennt zwar nicht explizit zwischen Naturbegriff und Natursein, aber eine solche Trennung läßt sich ohne Schwierigkeiten in Hegels Überlegungen integrieren. Trennt man nun *Naturbegriff* und *Natursein,* so scheint eine Dialektik der Natur ein recht problemloses Unterfangen zu sein. Naturbegriffe stehen in einem dialektischen Zusammenhang. Dies ist aufgrund ihrer Seinsweise als Begriff eine vollkommen unproblematische Angelegenheit. Das Natursein selbst steht dann nicht in einem dialektischen Zusammenhang, sondern es hängt von den Begriffen ab. Es wäre also dann strenggenommen falsch zu sagen, der Punkt sei die Negation des Raumes. Man müßte korrekt sagen, daß der Begriff des Punktes die Negation des Begriffs 'Raum' sei.

In Kapitel II.2 hatten wir jedoch massive Probleme mit dieser ontologischen Trennung von Naturbegriff und Natursein. Das dort festgestellte Problem dieser Trennung war die fehlende Möglichkeit, beides wieder zusammenzubringen. Dieser Ansatz stellt, wie wir gesehen haben, einen *aporetischen Dualismus* dar. Wenn die Naturdinge etwas anderes sind, als zu ihnen gehörenden Begriffe, bleibt eine *Abhängigkeit der Dinge von den Begriffen* vollkommen unverständlich. Wie ein Punkt vom Begriff 'Punkt' abhängt, oder gar – was die Hegelsche Naturphilosophie ja fordert – durch diesen Begriff *konstituiert* wird, bleibt im Dunkeln. Zudem läßt sich zwar dann erklären, wie ein Begriff aus dem anderen folgt, aber nicht, wie *Naturdinge selbst voneinander abhängen*. So ist zwar durchaus verständlich, wie der Begriff 'Punkt' die Negation des Begriffs 'Raum' sein kann, wie jedoch ein Punkt als Natursein selbst vom Raum abhängt, bleibt unklar. Zu sagen, ein Punkt sei selbst die Negation des Raums bringt nichts, denn das ist ja die Unverständlichkeit, die wir zu vermeiden suchen.

Eine Trennung von Naturbegriff und Natursein ist also hier keine Lösung. Das heißt nun aber, daß mit Hegels naturphilosophischer Kategorienentwicklung so einfach kein Sinn zu verbinden ist. Eine begriffliche Interpretation der Kategorienentwicklung kann ihre Relation zum Natursein nicht klären. Andererseits ist eine dialektische Struktur des Naturseins selbst, zumindest so wie Hegel es uns vorführt, vollkommen unverständlich. In diesem Problem liegt ein weiterer Grund dafür, daß meine im folgenden ausgeführten Überlegungen zur Struktur der Hegelschen Naturphilosophie nicht auf die weitere Kategorienentwicklung, so wie sie sich im Hegeltext findet, eingeht. Ich möchte hier auch nicht den Versuch einer Revision der Hegelschen Kategorienentwicklung unternehmen. Vielmehr möchte ich mich lediglich auf ganz allgemeine Überlegungen beschränken.

2. Naturdialektik und die Struktur des Außersichseins

Überlegungen zur *Struktur der Natur* bleiben solange allgemein und ohne Ansatzpunkt, solange sich ein Anfang der Naturphilosophie nicht konkret bestimmen läßt. In begrifflicher Form haben wir im Begriff des '*Andersseins der Idee*' einen solchen Anfangspunkt. Als Ansatzpunkt für die Struktur der Natur wird sich dieser Begriff als durchaus tragfähig erweisen. Was jedoch fehlt ist eine Identifikation dieses Begriffs in der Erfahrungswelt. Hegels Identifikation der Anfangskategorie der Naturphilosophie mit dem Raum ist nicht unmittelbar evident. Insofern lohnen sich einige systematische Überlegungen dazu: Mit der Bestimmung des Naturseins als 'Anderssein der Idee' sind zwei Momente verbunden:

(a) Das Natursein ist damit als etwas Ideelles bestimmt. Die reale Wirklichkeit müssen wir als eine Form der Logik ansehen. Der Logik muß die Möglichkeit zugesprochen werden, ihr Anderes selbst zu verkörpern. Das ist das Moment der *konkreten Allgemeinheit der Be-*

stimmungen der Natur. Eine jede Bestimmung der Natur muß nicht nur in allgemeiner Form die Eigenschaften angeben, welchen das ihr zuzuordnende Natursein entspricht. Das wäre viel zu wenig. Es bliebe eine äußerliche Zuordnung von Eigenschaft und Objekt und mithin eine Form abstrakter Allgemeinheit. Vielmehr muß gefordert werden, daß der konkret allgemeine Begriff selbst dasjenige *ist*, was er logisch konstituiert. Die *logische Konstitution der Natur* muß als eine *materielle Konstitution* verstanden werden. Das darf nun nicht so mißverstanden werden, daß etwa die Logik auch etwas Materielles wäre, was dann die Materialität der äußeren Natur erzeugt. Vielmehr muß die materielle Natur in einem Hegelschen Verständnis als ideell gesehen werden und Materialität ihrerseits als ein Moment dieser Idealität.

(b) Dem entgegen steht die Bestimmung der Natur als 'Anderssein der Idee', als negiertes Ideelles. Dieser Bestimmung nach ist die Natur so bestimmt, daß sie sich eben nicht wie ein Ideelles verhält, sondern wie ein Nichtideelles. Ihr kommen die komplementären Eigenschaften der Idee zu. Als eine wesentliche Eigenschaft habe ich in Kapitel II.2 bereits das Moment der *Nichtreflexivität naturphilosophischer Bestimmungen* erwähnt. Während in der Logik alle Bestimmungen Bedeutungen darstellen, denen alle anderen logischen Begriffe und vor allem sie selbst entsprechen, ist dies in der Naturphilosophie nicht der Fall. So hat z.B. die Kategorie 'absolute Idee' die ihrer Bedeutung entsprechende Eigenschaft, Teil der 'absoluten Idee', eben der Logik, zu sein. Hingegen hat die Kategorie 'Raum' als Begriff keinesfalls die Eigenschaft räumlich zu sein.

Damit haben wir nun scheinbar einen *Widerspruch*. Einerseits sollen die Begriffe der Naturphilosophie als konkrete Allgemeinbegriffe wie in (a) bestimmt, selbst das sein, was die bedeuten. Andererseits steht nach (b) aufgrund der Nichtreflexivität dieser Begriffe ihre Bedeutung keinesfalls für eine ihrer Eigenschaften. Eine Auflösung dieses Widerspruchs ist mir im Rahmen dieser Arbeit nicht möglich. Ich kann jedoch einen Hinweis darauf geben, wie sich das Problem lösen lassen könnte: Die Aussage von Punkt (a) kann erst einmal als triftiger gegenüber (b) bestimmt werden. Punkt (a) handelt von der Seinsweise der Natur, während in (b) nur die Form des Naturseins thematisch ist. Insofern muß davon ausgegangen werden, daß Begriff[148] und Sein in der Natur zusammenfallen. Nur hat

---

[148] Hiermit ist selbstverständlich nicht unser Begriff von der Natur gemeint.

eben die Form dieser Identität von Begriff und Sein nicht mehr die logischen Eigenschaften von Begriffen, sondern eben Eigenschaften, welche als komplementäre Negation begrifflicher Eigenschaften verstanden werden müssen.

Es ist mir an dieser Stelle leider nicht möglich, diesen Gedanken weiter auszuführen. Dazu bedürfte es einer erheblichen Anzahl logischer Mittel, welche den thematischen Rahmen sprengen würden. Denn im Grunde setzt eine detailiere Beschäftigung mit den Strukturen der Natur in einem Hegelschen Verständnis selbstverständlich eine Beschäftigung mit der Logik voraus. Was aber die Logik angeht, so habe ich mich hier ja in Kapitel I auf deren Begründungsfunktion für die Naturphilosophie beschränkt.

3. Hegels Entwicklungstheorie

Bislang haben wir uns mit ganz konkreten kategorialen Strukturfragen beschäftigt. Es gibt jedoch noch eine völlig andere Art von Struktur der Natur, die ebenfalls nicht unerwähnt bleiben soll. Es handelt sich dabei um die prinzipielle Frage nach der Unterscheidung verschiedener Formen des Naturseins und dem Zusammenhang derselben. Diese Frage läßt sich aufgrund ihrer Abstraktheit auch unabhängig von der konkreten Gestaltung der Hegelschen Kategorienentwicklung in der Naturphilosophie angehen. Bei Hegel finden sich dazu einige Gedanken in der 'Naturphilosophie':

> „Die Natur ist als ein *System von Stufen* zu betrachten, deren eine aus der anderen notwendig hervorgeht und die nächste Wahrheit derjenigen ist, aus welcher sie resultiert, aber nicht so, daß die eine aus der anderen *natürlich* erzeugt würde, sondern in der inneren, den Grund der Natur ausmachenden Idee" (Enz. II, 31).

Hegel nimmt also eine *Entwicklung von Stufen des Naturseins* an. Das Verhältnis dieser Stufen bestimmt er so, daß eine Stufe die 'Wahrheit' der vorhergehenden darstellt. Eine Stufe stellt eine bestimmte Form des Naturseins dar, die für sich genommen unvollständig ist. In dieser bestimmten Form sind mehr Möglichkeiten enthalten, als bereits realisiert sind. Insofern kann eine weitere Stufe die 'Wahrheit' der vorhergehenden darstellen, indem sie deren implizite formhafte Möglichkeiten in ihrem Sein zum Ausdruck bringt. Sie realisiert die vorher bloß mögliche Form. Diese Entwicklung ist damit dann keine 'natürliche'. Es ist nicht das Natursein selbst, welches die Formen hervorbringt, sondern die Form, die sich in der Natur Ausdruck verleiht.

Ein zentrales Moment dieser Stufeneinteilung der Natur ist nun, daß die Stufen 'auseinander hervorgehen'. Damit geht Hegel von einer Entwicklung des Naturseins aus. Er diskutiert nun im Zusatz des Paragraphen § 249 mehrere solcher Entwicklungstheorien. Eine davon ist die Evolutionstheorie:

> „Der Gang der Evolution, die vom Unvollkommenen, Formlosen anfängt, ist, daß zuerst Feuchtes und Wassergebilde waren, aus dem Wasser Pflanzen, Polypen, Mollusken, dann Fische hervorgegangen seien, dann Landtiere; aus dem Tiere sei endlich der Mensch entsprungen. [...] Aber dieser quantitative Unterschied, wenn er auch am leichtesten zu verstehen ist, so erklärt er doch nichts" (Enz. II, 32 f. Zus.).

Eine Evolution des Naturseins anzunehmen heißt also nach Hegel, daß man annimmt, Natursein habe sich *quantitativ* weiterentwikkelt. Der Übergang z.B. vom Tier zum Mensch sei eine bloße Angelegenheit einer *kontinuierlichen* Weiterentwicklung der Eigenschaften, Fähigkeiten etc. bestimmter Lebewesen. Hegels Argument dagegen ist, daß dieser Ansatz, obschon er sehr eingängig sei, dennoch nichts erkläre. Nun, als verständlich ist dieser Ansatz offensichtlich deswegen einzuschätzen, weil hier keine *diskreten Übergänge* angenommen werden. Geht man etwa davon aus, der Übergang vom Tier zum Menschen sei etwas qualitatives, so stellt sich die Frage, wie dieser qualitative Sprung sich denn vollziehen könne. Etwas kann ja nicht lange Zeit ein Tier und dann ganz plötzlich ein Mensch sein. Die Annahme eines kontinuierlichen Übergangs vermeidet diesen Sprung und ist insofern sehr leicht nachvollziehbar. Aber nach Hegel erklärt er nichts. Was, so müssen wir hier fragen, erklärt er nicht? Nun, er erklärt eben nicht, was denn der Unterschied von Mensch und Tier ist. Gerade indem die Evolutionstheorie qualitative Sprünge vermeidet, vermag sie auch nicht, *qualitative Unterschiede* aufzuzeigen. Das Tier geht fließend in den Menschen über – durch Genmutation oder wie auch immer – aber wann etwas im Laufe der Entwicklung gerade noch so ein Tier und wann es bereits ein Mensch ist, läßt sich nicht feststellen. Eine dem Evolutionsgedanken entgegengesetzte *diskrete Entwicklung* des Naturseins hält Hegel jedoch für zwingend.

Die andere von Hegel diskutierte Entwicklungstheorie ist die Emanationstheorie: Die

> „Emanation [...] ist eine Stufenfolge der Verschlechterung, die vom Vollkommenen, von der absoluten Totalität, von Gott anfängt: er habe erschaffen, und Fulgurationen, Blitze, Abbilder von ihm seien hervorgetreten, so daß das erste Abbild ihm am ähnlichsten sei. Diese Produktion habe sich wieder tätig gezeugt, aber Unvollkommeneres, und so fort herunter, so daß jedes Erzeugte immer wieder erzeugend gewesen sei, bis zum Negativen, zur Materie" (Enz. II, 33 Zus.).

Die Emanationstheorie hält Hegel der Evolutionstheorie für überlegen. Als Grund gibt er an, daß hier erklärt werden kann, wie eine Stufe qualitativ zur nächsten gelangt. Bei der Emanation ist der Anfang das 'Vollkommene', indem dieses sich nun sukzessiv seiner Vollkommenheit entledigt, ist klar, wie die qualitativen Sprünge zustande kommen; eben indem die Vollkommenheit reduziert wird:

> „Der Fortgang vom Vollkommenen zu Unvollkommenen ist vorteilhafter, denn man hat dann den Typus des vollendeten Organismus vor sich; und dies Bild ist es, welches vor der Vorstellung da sein muß um die verkümmerten Organisationen zu verstehen" (Enz. II, 33 Zus.).

Dennoch lehnt Hegel die Emanationsthese ab. Als Grund dafür findet sich eine *systematische* Überlegung:

> „Da es aufs Setzen der Begriffsbestimmung ankommt, so müssen wir nicht mit der wahrhaften Sphäre, sondern vom Abstraktesten anfangen" (Enz. II, 38 Zus.).

Die Emanationstheorie fängt nach Hegel also von der falschen Seite aus an, die Naturentwicklung zu erklären. Es handelt sich dann um keine Entwicklung mehr, sondern um einen Zerfall des vorausgesetzten Vollkommenen. In der Naturphilosophie ist jedoch nichts vollkommenes vorausgesetzt. Der Ausgangspunkt der Naturphilosophie ist vielmehr die Negation des Vollkommenen, der Logik. Die davon ausgehende Entwicklung der Naturphilosophie realisiert nach und nach die bloß implizit in ihr steckenden formalen Möglichkeiten. Insofern paßt die umgekehrt vorgehende Emanation nicht in das Hegelsche System.

Hegel verwirft jedoch weder die Evolutionstheorie, noch die Emanationstheorie gänzlich, sondern er hält vielmehr eine gegenseitige Ergänzung der beiden für vertretbar:

> „Jede dieser Formen für sich ist einseitig, sie sind zugleich; der ewige göttliche Prozeß ist ein Streben nach zwei entgegengesetzten Richtungen, die sich schlechthin in einem begegnen und durchdringen. [...] Indem die Materie z.B. als unwahre Existenz sich negiert und eine höhere Existenz entsteht, so ist einerseits, vermittels der Evolution, die

frühere Stufe aufgehoben, andererseits bleibt sie aber im Hintergrunde und wird durch Emanation wieder erzeugt" (Enz. II, 38 Zus.).

Hegel zufolge sind Evolution und Emanation also durchaus kombinierbar. Beides sind Momente der Entwicklung des Naturseins. Die Evolution sorgt gewissermaßen dafür, daß sich die Stufen der Natur weiterentwickeln und die ihnen inhärierenden formhaften Möglichkeiten realisiert werden. Die Emanation führt nun dazu, daß die für die neue Stufe im 'Hintergrund' bleibende vorhergehende Stufe wieder in Erscheinung tritt.

Evolution ist somit nur vordergründig das Formen von Materie. Eigentlich ist diese Entwicklung jedoch ein Erschaffen der Materie aus Form. Wie kann man sich das nun weniger mystisch vorstellen? Wenn die Materie einer Stufe des Naturseins eine Form annimmt, welche einer höheren Stufe des Naturseins zuzurechnen ist, so kann man dafür zwei Interpretationen angeben. Eben eine *evolutionistische* und eine *emanationstheoretische*. Zum einen entwickeln sich die Materien durch Evolution zu Elementen der höheren Form. Zum anderen – und das ist wohl Hegels wichtiger Punkt, der ihn veranlaßt die Emanation gegenüber der Evolution als überlegen anzusehen – kann die Materie nur aufgrund der logischen Möglichkeit der durch sie eingenommenen Form ein Element derselben werden.[149] Das ist wohl gemeint, wenn Hegel sagt, daß durch die Emanation die 'frühere Stufe wieder erzeugt' wird. Die Form legt fest, welche Elemente diese Form realisieren können und bestimmt somit die Entwicklungsmöglichkeit der Materie.[150]

---

[149] Dasselbe sagt O. Breidbach, indem er die Zeit – welche ja für den Evolutionsgedanken äußerst wichtig ist – als ein für die Naturentwicklung im Sinne Hegels nebensächliches Moment bestimmt: „Die Zeit dieser Entwicklung ist insofern eine unwesentliche Bestimmung, nicht die Zeit bestimmt die Struktur, vielmehr bedingt die Struktur der Natur ihre Verzeitlichung. In der Zeit schuf sich bestenfalls das Milieu, das den Boden für die Präsentation des der Natur Inhärenten bot" (Breidbach 1987, 169).

[150] Hegels Entwicklungstheorie schafft an dieser Stelle ein Problem für Hegelinterpreten, welche den Begriffen der Hegelschen Naturphilosophie bloß einen erkenntnistheoretischen Status, aber keine ontologische Existenz beimessen. Dies läßt sich am Beispiel von Harris exemplifizieren: Dieser sieht „the [...] transition form the Logic to the Philosophy of Nature [...] simply [as] the passage form one stage to next in the development of self-consciousness" (Harris 1949, 225). Geht man nun davon aus, daß sich z.B. der Geist aus der Naturentwicklung ergibt, so muß man annehmen, daß die Möglichkeit des Geistes schon in diesem vorhergehenden Stufen des Naturseins angelegt ist. Da nun

So ist dann auch zu erklären, warum Hegel bloß eine *Begriffsentwicklung*, aber keine Entwicklung der Naturdinge selbst für möglich hält:

> „Die *Metamorphose* kommt nur dem Begriff als solchem zu, da dessen Veränderung allein Entwicklung ist. Der Begriff aber ist in der Natur teils nur ein Inneres, teils existierend nur als ein Inneres, teils existierend nur als lebendiges Individuum; auf dieses allein ist daher die *existierende* Metamorphose beschränkt" (Enz. II, 31).

Nur die Form vermag sich zu verändern und eine andere Form logisch zu implizieren. Die Materie bleibt so, wie sie ist. Materien werden lediglich zu einer neuen Form zusammengesetzt und bilden deren Materie; das können sie aber nur vermittels eben dieser neuen Form, welche die spezifische Materiekonstellation möglich macht. Es verändert sich also bloß die Form und dadurch die Existenzweise der Materie.

Nun spricht Hegel jedoch auch noch von einer 'existierenden Metamorphose'. Wie es zu verstehen ist, daß es eine solche gibt und warum sie auf lebendige Individuen beschränkt ist, erklärt sich wie folgt: Die Existenzweise des 'Begriffs' (also des Logischen) in der Natur ist bei Hegel unterschiedlicher Art. Bei anorganischem Natursein ist die logische Form bloß eine Form. Bei organischem Natursein hingegen ist die Form eine zumindest in groben Zügen *selbstbezügliche*. Eine Form die bloß Form ist, gibt lediglich die Struktur der Materie an. Von daher ist für Hegel hier der Begriff ein 'nur Inneres'. Eine *selbstbezügliche Form* hingegen, wie sie nach Hegel dem Lebendigen eigen ist, formt nicht nur die Materie, sondern auch sich selbst. Diese Selbstbezüglichkeit ist beim Lebendigen natürlich noch nicht optimiert.[151] Im lebendigen Natursein ist hier die Materie eine natürliche Grenze der Selbstdetermination des Formhaften. Die Form realisiert sich in der Natur ja als geformte Materie. Die selbstbezügliche Form des Lebendigen Natürseins realisiert sich natürlich auch als Materie. Das besondere an ihr ist jedoch, daß ihre Form sowohl die Form selbst, als auch die Materie bestimmt. Das Bestimmen der Form durch die Form erlaubt nun die 'existierende Metamorphose'. Ein durch eine selbstbezügliche Form bestimmtes

---

aber Harris eine solche Realexistenz logischer Formen ablehnt, wird es für ihn „exceedingly difficult to say just how mind can be immanent in physical nature" (Harris 1949, 227).

[151] Als Maß gilt hier die Logik als die perfekte selbstbezügliche Form. Hier werden die Formen der Logik nur durch diese Formen selbst bestimmt.

Lebendiges kann ja damit seine Form verändern, weil diese eben durch diese Form selbst bestimmt wird. Insofern vermag es ein lebendiges Individuum, sich selbst zu verändern.

Diese Veränderung ist aber nur eine quantitative. Die bloße Veränderung eines einzelnen lebendigen Individuums vermag es nicht, neue Gattungen entstehen zu lassen. Dieser

> „Metamorphose wird *eine* Idee zugrundegelegt, welche in allen Gattungen, ebenso in den einzelnen Organen beharre, so daß sie nur Umbildungen der Form des einen und desselben Typus sind" (Enz. II, 33).

Der Grund dafür ist offensichtlich: Eine Form kann sich nur insofern modifizieren, als sie diese auf sich selbst bezogene Form bleibt. Sie kann nicht höhere Formen hervorbringen. Denn das hieße ja, daß die höhere Form einen Fall der ihr untergeordneten Form darstellen würde.

Damit werden dann auch Formulierungen Hegels verständlich, die eine evolutive Entwicklung vollkommen auszuschließen scheinen:

> „Solcher nebuloser, im Grunde sinnlicher Vorstellungen, wie insbesondere das *Hervorgehen* z.B. der Pflanzen und Tiere aus dem Wasser und dann das *Hervorgehen* der entwickelten Tierorganisation aus den niedrigen usw. ist, muß sich die denkende Betrachtung entschlagen" (Enz. II, 31 f.).[152]

Damit meint Hegel nicht etwa, daß es keine Entwicklung in der Natur geben könne. Er schließt also damit nicht aus, daß komplexer strukturierte Lebewesen Vorfahren mit wesentlich einfacheren Strukturen haben können.[153] Was er ausschließt ist nur, daß die einfachere Struktur es *aus sich heraus* schafft, eine komplexere Struktur hervorzubringen. 'Entwickelte Tierorganisationen' können

---

[152] Die extremste Textstelle dazu ist wohl die folgende: „Die Mosaische Schöpfungsgeschichte macht es insofern noch am besten, indem sie sagt: Heute entstanden die Pflanzen, heute die Tiere und heute der Mensch. Der Mensch hat sich nicht aus dem Tiere herausgebildet, noch das Tier aus der Pflanze; jedes ist auf einmal ganz, was es ist" (Enz. II, 349. Zus.).

[153] Hegel hält es zumindest durchaus für möglich, daß es nicht immer schon Lebewesen gab: „*Wenn* also auch die Erde in einem Zustande war, wo sie kein Lebendiges hatte, nur den chemischen Prozeß usw., so ist doch, sobald der Blitz des Lebendigen in die Materie einschlägt, sogleich ein bestimmtes, vollständiges Gebilde da, wie Minerva aus Jupiters Haupte bewaffnet entspringt" (Enz. II, 349 Zus.). Eine Entwicklung der Natur gibt es zwar, aber sie ist keinesfalls kontinuierlich, sondern sie enthält qualitative Sprünge.

insofern nicht bloß aus 'niedrigeren' Formen 'hervorgehen'. Dazu ist zusätzlich nämlich noch die höhere Form als logisch konsistente Struktur erforderlich. Und eben nur diese Struktur ermöglicht, wie oben dargelegt, eine *Höherentwicklung*.

Interessant ist nun ein Vergleich *Darwinschen Evolutionstheorie* mit der Konzeption Hegels.[154] Nach Darwin beruht die Evolution bekanntlich auf zwei Stützen, '*natural selection*'[155] und '*variation*'. Durch *natürliche Selektion* können sich nach Darwin die den Lebensbedingungen angepaßtesten *Mutationen* durchsetzen. Dies geschieht bekanntlich, indem die angepaßteren Individuen eine höhere Wahrscheinlichkeit haben, sich fortzupflanzen.[156] Damit wird die Quantität des Vorkommens bestimmter Mutationen erhöht und das natürliche Aussortieren von Individuen durch andere Lebewesen, Krankheit, etc. trifft einen geringeren Prozentsatz dieser Mutation. Mithin ist die Wahrscheinlichkeit, sich weiter fortzupflanzen und damit auszubreiten für diese Mutation erhöht. Dieser recht einfache Prozeß führt nach Darwin nun dazu, daß neue Arten entstehen, indem *andersartige Mutationen* bereits bestehender Arten sich als angepaßter erweisen.

Vergleichen wir nun einmal Hegels Entwicklungstheorie mit Darwins Überlegungen. Hegel argumentiert gegen eine Möglichkeit der Gattungsveränderung durch individuelle Veränderungen. Sieht man nun genauer hin, so muß festgestellt werden, daß diese Argumente Darwins Theorie der Evolution überhaupt nicht betreffen. Auch Darwin behauptet nicht, daß die Veränderung einzelner Individuen die Gattung zu verändern vermag. Vielmehr sind es nach Darwin Mutationen, also letztlich *Fehler im Aufbau* von Individuen, die den Fortschritt bewirken. Diese Fehler führen teils zu 'defekten' Individuen, teils aber auch zu konstanteren Formen. Eine Mutation geschieht nun nicht durch ein Individuum, sondern sie findet sich an einem Individuum. Das Individuum mutiert sich ja nicht selbst; es

---

[154] Ich möchte bei meiner Untersuchung der Hegelschen Gegnerschaft gegen die Evolutionstheorie die Frage, auf welche historische Evolutionstheorie sich Hegel bezieht, explizit ausklammern. Es ist z.B. klar, daß er sich nicht auf Darwin beziehen kann, da dessen Theorie erst nach Hegels Tod entstand. Dennoch möchte ich Hegels Kritik mit Darwins Gedanken konfrontieren.

[155] Darwins Definition dieses Terminus lautet wie folgt: The „preservation of favourable variations and the rejection of injurous variations, I call Natural Selection" (Darwin 1859, 131).

[156] Vgl. Darwin 1859, 136 f.

wird vielmehr schon als 'Mutant' geboren. Es sind offensichtlich Formen, die mutiert werden. Ihre Elemente, die Materien aus denen diese Form besteht, sind in Mutationen irgendwie anders zusammengefügt. Individuen verkörpern diese Mutationen nur insofern, als die spezifische Form über eine gewisse Stabilität verfügt. Insofern sind Darwins Gedanken durchaus mit denen Hegels kompatibel.

Hegels Gedanken sind jedoch nicht mit Darwins in Einklang zu bringen, sondern sie gehen darüber hinaus: Was bei Darwin fehlt ist das *qualitative Moment* der Hegelschen Entwicklungstheorie. Für Darwin vollzieht sich die Evolution rein *quantitativ*:

> „Whatever the cause may be of each slight difference in the offspring from their parents – and a cause for each must exist – it is a steady accumulation, through natural selection, of such differences, when beneficial to the individual, that gives rise to all the more important modifications of structure, by which the innumerable beings on the face of this earth are enabled to struggle with each other, and the best adapted to survive" (Darwin 1859, 203 f.).

Jede noch so gravierende Veränderung einer Art läßt sich also Darwin zufolge auf minimale Veränderungen zurückführen. Das aber heißt nichts anderes, als das die Hegelschen Stufen der Naturentwicklung bei Darwin keine Sprünge mehr darstellen, sondern in jenen minimalen Variationen aufgehen.[157]

Diese Auflösung qualitativer Stufen in der Naturentwicklung in eine kontinuierliche Entwicklung führt zu einer weiteren wesentlichen Differenz der Hegelschen Entwicklungstheorie und der Darwinschen Evolutionstheorie. Bei Darwin ist die Richtung der Naturentwicklung ungewiß.[158] Es ist reiner Zufall, daß z.B. Menschen entstanden sind. Es hätten sich im Kampf um das Dasein ebensogut andere Formen durchsetzen können. Bei Hegel hingegen gibt es eine *natürliche Ordnung der Entwicklungsschritte*. Die Stufen des

---

[157] Darwin drückt dies wie folgt aus: „As natural selection acts soley by accumulating slight, successive, favourable variations, it can produce no great or sudden modification; it can act only by very short and slow steps" (Darwin 1859, 444).

[158] Nach Darwin hängt die Entwicklungsrichtung nur von der Umwelt der jeweiligen Art ab: "Natural Selection acts by competition, it adapts the inhabitants of each country only in relation to the degree of perfection of their associates" (Darwin 1859, 445).

Naturseins sind, so wie sie sind, notwendig. Dies wird im folgenden Kapitel weiter ausgeführt.

Insgesamt muß also festgehalten werden, daß Hegels Entwicklungstheorie die Darwinsche Evolutionstheorie integrieren kann. Mayrs Argument, daß die Annahme einer zielgerichteten Entwicklung mit der Evolutionstheorie, die ja davon ausgeht, daß jede noch so krude Veränderung eine Verbesserung sein kann, nicht kompatibel ist, ist demnach schlicht falsch:

> „Natural selection makes use of whatever genetic or phenotypic material is available in order to answer a newly arising need. This is difficult to understand for those who see in natural selection a deterministic, quasiteleological force" (Mayr 1988, 410).

Diese Feststellung trifft deswegen auf die Hegelsche Theorie der Naturentwicklung nicht zu, weil diese beide Prozesse, Evolution als kontinuierliche Veränderung einerseits und eine determinierte Höherentwicklung mittels Emanation andererseits als sich gegenseitig ergänzende zuläßt. Insofern kann nicht jeder evolutive Veränderung auch als Fortschritt in kategorialer Hinsicht gelten.

4. Die teleologische Struktur der Naturentwicklung

Die Entwicklung der Natur ist nach dem bisher gesagten analog zur Entwicklung der Logik. Auch bei der Entwicklung der Natur handelt es sich um eine *Explikation des implizit an Formen in der Natur Vorhandenen*. Denn die Natur als komplementäre Negation der Logik hat damit natürlich implizit auch die Möglichkeit, deren Formen in sich zu entwickeln. Interpretiert man die Entwicklung der Natur jedoch als eine Explikation der von der Logik vorgegebenen Formen, so nimmt man damit eine *teleologische Naturentwicklung* an. Hegel drückt dies wie folgt aus:

> „Die Natur ist *an sich* ein lebendiges Ganzes; die Bewegung durch ihren Stufengang ist näher dies, daß die Idee sich als das *setze*, was sie *an sich* ist; oder, was dasselbe ist, daß sie aus ihrer Unmittelbarkeit und Äußerlichkeit, welche der *Tod* ist, *in sich* gehe, um zunächst als *Lebendiges* zu sein, aber ferner auch diese Bestimmtheit, in welcher sie nur Leben ist, aufhebe und sich zur Existenz des Geistes hervorbringe, der die Wahrheit und der Endzweck der Natur und die wahre Wirklichkeit der Idee ist" (Enz. II, 36).

Nach Hegel gibt es also ein *Ziel der Naturentwicklung.* Wenn der gesamte Formenreichtum der Logik einmal in der Natur entwickelt ist, als naturhafte Form existiert, dann stellt dies eine logische Grenze der Entwicklung dar. Mehr Formen kann es aus logischen Gründen in der Natur nicht geben. Daß sich die Logik in der Natur 'als das gesetzt, was sie an sich ist', heißt nun, daß das Ziel einer vollständigen Abbildung der logischen Formen in der Natur erreicht ist.

Hegel gibt hier eine sehr grobe Charakterisierung der Naturentwicklung in drei Schritten. Die erste, von Hegel hier erwähnte Stufe des Naturseins, ist der Anfang der Naturentwicklung, die 'unmittelbare Äußerlichkeit' der Logik.[159] Diese Stufe ist dadurch bestimmt, daß sie das Gegenteil der Logik, den 'Tod', wie es Hegel ausdrückt, darstellt. Die nächste für Hegel hier bemerkenswerte Stufe ist die des 'lebendigen' Naturseins. Diese Stufe des Lebendigen charakterisiert er im Zusatz zum selbigen Paragraphen als

> „ein Insichgehen [des Begriffs] ins Zentrum, d.h. die ihm unangemessene Existenz der Unmittelbarkeit, Äußerlichkeit zur subjektiven Einheit, zum Insichsein zu bringen; nicht so, daß der Begriff sich daraus herausziehe und sie als tote Schale liegen lasse, sondern vielmehr, daß die Existenz als solche in sich sei oder dem Begriffe angemessen, daß das Insichsein selbst existierte, welche das Leben ist" (Enz. II, 37 Zus.).

Leben ist also demnach eine Art des Naturseins, in welche die Form desselben nicht nur ihre Materie formt, also *an der Materie ist,* sondern sie muß *in der Materie* sein. Wie aber läßt sich das Denken? Nun wir haben im vorhergehenden Kapitel das Lebendige bereits als diejenige Form des Naturseins bestimmt, dessen Form sich selbst zu formen vermag. Bezieht sich nun die Form auf sich selbst, so bezieht sich ja damit auch die durch diese Form bestimmte Materie auf sich selbst. Mithin ist ihre Form nicht nur etwas passives, sondern, da die Materie diese Form gewissermaßen aktiv zum Ausdruck bringt, ist die Form *in* ihr.

Auf der Stufe des Lebendigen ist diese Selbstformung der Form aber noch nicht perfektioniert. Die Materie spielt hier noch eine gewisse Rolle. Die Form bezieht sich nämlich im Lebendigen noch als materialisierte Form auf sich selbst. Ein Lebendiges vermag es nicht, sein Organisationsprinzip beliebig umzuformen. Als Naturziel ist jedoch eine Form gefordert, die sich rein als Form auf sich be-

---

[159] Vgl. dazu Kap. IV.1.

zieht; etwas rein Begriffliches, was sich auf Begriffliches bezieht. Erst damit ist die *Form der Logik* erreicht.

Die Stufe des Lebendigen ist demnach noch nicht das Ziel der Naturentwicklung. Als das Ziel der Naturentwicklung gibt Hegel den *Geist*, also das *menschliche Denken* an. Dieses charakterisiert er als die 'wahre Wirklichkeit der Idee'. Im menschlichen Denken ist also die Logik in der Natur realisiert. Dieses, von Hegel hier vorab angegebene Ziel, läßt sich auch ohne auf weitere naturphilosophische Überlegungen zurückzugreifen ebenfalls vorab begründen. Das menschliche Denken vermag logische Begriffe zu denken und realisiert damit nicht nur Begriffliches, sondern eben *dasjenige Begriffliche, was sich wiederum auf Begriffliches bezieht*. Denken ist die Form, die sich ohne materiellen Bezug selbst zu formen vermag. Damit gleicht das Denken der Logik, welche sich ja selbst als vollkommen autonom bestimmt ist. Logische Kategorien sind die Summe derjenigen Begriffe, welche die Eigenschaften von Begriffen überhaupt festlegen; also vor allem auch reflexiv auf ihre eigenen Eigenschaften bezogen sind und diese begründen. Insofern diese Struktur in der Natur erreicht ist, ist die Möglichkeit der Komplettierung qua Kohärenz des Logischen implizit vorhanden. Das Denken eines Begriffes der Logik ist implizit das Denken der gesamten Logik, denn die Eigenschaften dieses Begriffes, welche ja von der Summe der logischen Begriffe abhängt, setzt die Denkmöglichkeit der gesamten Logik als Fähigkeit voraus. Damit erfüllt das Denken die Bedingungen, welche für ein Ziel der Naturentwicklung vorgegeben sind: Es realisiert die Logik.

Man könnte dies nun als einen Versuch einer empirischen Begründung des Denkens als des Ziels der Naturentwicklung kritisieren. Eine empirische Bestimmung des Denkens hier einfach vorauszusetzen, hieße Gebrauch von kontingentem Wissen zu machen und damit der philosophischen Argumentation ihre Triftigkeit zu nehmen. Es hätte zudem noch die üble Konsequenz, daß nicht das begriffliche Wesen von dem, was wir 'Denken', nennen, sondern nur unsere Denkerfahrung erfaßt wäre. Es muß jedoch gerade das Ziel sein, zu erfahren, was denn 'Denken' seinem Wesen nach, und nicht bloß der ohnehin schon immer bekannten Erscheinung nach, ist. Diesem Vorwurf läßt sich jedoch entgegnen, daß bereits die oben vorweggenommene Konzeptualisierung von 'Denken' der Bedingung das gesuchten Naturziels gerecht wird. Insofern ist dieses dort angegebene Konzept, nämlich die Fähigkeit, reflexive Begriffe erfassen zu können, eine hinreichende Bedingung dafür, daß Denken dieses Naturziel ist. Die Korrektheit dieser Konzeptualisierung zu hinterfragen, wäre ein performativer Widerspruch. Man müßte annehmen, daß Denken nicht reflexiv wäre. Wäre es jedoch nicht reflexiv, so könnte es sich nicht auf das an dieser Stelle zu hinterfragende beziehen, ohne eben von dieser Reflexivität des Denkens, also der Fähigkeit sich auf bereits Gedachtes zu beziehen, Gebrauch zu machen.

Nun interessiert natürlich die Frage, wie das Denken aus der Natur zu erwachsen vermag. Um dies vollkommen zu verstehen, womit ja das Leib-Seele-Problem gelöst wäre, bedürfte es einer detaillierteren Betrachtung der Naturphilosophie, als die von mir an dieser Stelle vorgenommene. Ich möchte diese Fragestellung hier zurückstellen und mich statt dessen weiter der teleologischen Struktur der Naturphilosophie widmen.

Die Annahme einer teleologischen Entwicklung ist nun nicht so unmittelbar plausibel. Ein Telos außerhalb der Sphäre menschlichen Denkens, welches ja Zwecken folgt, ist nicht nur dem naturwissenschaftlich geprägten Denken des 20. Jahrhunderts scheinbar prinzipiell unverständlich, sondern bereits Kants Problem der für ihn scheinbaren Undenkbarkeit innerer Zweckmäßigkeit zeugt von dieser Schwierigkeit.[160] In der Tat steht eine naive Vorstellung von einer teleologischen Entwicklung im Widerspruch zur naturwissenschaftlichen Vorstellung von Kausalität. Ist die Veränderung, die einem Gegenstand widerfährt, teleologisch durch etwas Zukünftiges bzw. auf einen bestimmten Zustand gerichtet, so kann sie nicht zugleich und gleichermaßen kausal durch eine vergangene Ursache bestimmt sein. Da nun bei empirischen Naturbetrachtungen Kausalität im allgemeinen als conditio sine qua non angesehen wird, ist aus dieser Sicht Teleologie abzulehnen.

Hegels Naturbegriff integriert nun teleologische und kausale Überlegungen; löst die scheinbare Unvereinbarkeit beider auf. Diese Vereinbarkeit beider Momente haben wir bereits im vorhergehenden Kapitel im Zusammenhang mit Hegels Konzept einer zusammengehörigen *evolutiven und emanativen Entwicklung* der Natur gesehen. Während die Evolution nach rein kausalen und zukunftsblinden Gesetzen abläuft, ist die rein formhafte Emanation teleologisch. Diese emanative Begriffsentwicklung als teleologisch zu beschreiben,

---

[160] Vgl. dazu Wandschneider 1988.

hat keineswegs einen metaphorischen Sinn. Ziel der Begriffsentwicklung ist, wie oben dargelegt, die Explikation des kompletten Formenreichtums der Logik, die implizit bereits im Ausgangsbegriff der Naturphilosophie, dem 'Anderssein der Idee', enthalten ist. Der Zielcharakter entspringt hier der Logik, die, da die Natur von ihr abhängt, eine bereits klar umrissene Zielstruktur der Naturkategoriensequenz darstellt. Schafft es ein Entwicklungsstand der Naturkategorien den Formenreichtum der Logik adäquat abzubilden, so ist die Logik in der Natur realisiert und die Entwicklung derselben hat ihr logisches Ende, ihr Ziel erreicht.

Diese Art von teleologischem Denken ist also mit kausalem Denken überhaupt nicht vergleichbar. Ein mit kausalem Denken direkt verglichenes teleologisches Denken, wonach ein Stein nicht zu Boden fällt, weil die Gravitation ihn beschleunigte, sondern weil der Boden sein Ziel war, ist selbstverständlich nicht zu verstehen. Teleologie bezieht sich vielmehr darauf, daß allgemeine Strukturen der Natur sich weiterentwickeln können, und diese Entwicklung auf die Realisation der Idee in der Natur gerichtet ist. Wie sich Naturdinge verhalten, ist kausal erklärbar. Wie sie sich hingegen zu höheren Strukturen formen, ist nur teleologisch erklärbar.

Literatur

Alexander, S. (1886): Hegel's conception of nature. In: Mind 2 (1886), Bd. 11, Nr.44, 495-523

Albert, H. (1968): Traktat über kritische Vernunft. Tübingen ²1969

Braun, H. (1968): Zur Interpretation der Hegelschen Wendung: „frei entlassen". In: Actes du IIIème Congres international de l'Association Internationale pour l'Etude de la Philosophie de Hegel (Lille, 8-10 avril 1968). Hegel: L'esprit objectif, l'unité de l'histoire. Lille 1970, 51-64

Breidbach, O. (1987): Hegels Evolutionskritik. In: Hegel-Studien 22 (1987), 165-172

Buchdahl, G. (1973): Hegel's philosophy of nature and the structure of science. In: Weiss, F.G. 1974, 110-136

Burkhardt, B. (1993): Hegels „Wissenschaft der Logik" im Spannungsfeld der Kritik. Historische und systematische Untersuchungen zur Diskussion um Funktion und Leistungsfähigkeit von Hegels „Wissenschaft der Logik" bis 1831. Hildesheim, Zürich, New York 1993

Doull, J.A. (1972): Hegel's philosophy of nature. Dialogue (Canada) 11 (1972) Nr. 3, 379-399

Darwin, C. (1859): The origin of species by means of natural selection or the preservation of favoured species in the struggle for life. Burrow, J.W. (ed.). Harmondsworth ¹¹1982

Falkenburg, B. (1987): Die Form der Materie. Zur Metaphysik der Natur bei Kant und Hegel. Frankfurt 1987

Findlay, J.N. (1958): Hegel. A. Re-Examination. London ²1964

Gies, M. (1987): Naturphilosophie und Naturwissenschaft bei Hegel. In: Petry 1987, 65-88

Günther, G. (1976): Idee, Zeit und Materie. In: Hegel-Jahrbuch 1976, 168-186

Harris, E.E. (1949): The Philosophy of Nature in Hegel's System. In: The Review of Metaphysics. Bd. 3 (1949) Nr. 10, 213-228

Harris, E.E. (1974): Hegel and the natural sciences. In: Weiss, F.G 1974, 129-153

Hegel, G.W.F.: Naturphilosophie (NP.). Band I. Die Vorlesung von 1819/20. Ilting, K.H., Gies, M. (eds.). Napoli 1982

Hegel, G.W.F.: Werke in 20 Bänden. Auf der Grundlage der Werke von 1832-1845. Moldenhauer, E., Michel, K.M. (eds.). Band 3 (PhG.): Phänomenologie des Geistes, Band 5-6 (WL. I-II): Wissenschaft der Logik, Band 8-10 (Enz. I-III): Enzyklopädie der Philosophischen Wissenschaften im Grundrisse. 1830. Teil I-III. Frankfurt 1993

Henrich, D. (1956): Hegels Theorie über den Zufall. In: Kant-Studien 1958/59, 131-148

Horstmann, R.-P. (1986): Logifizierte Natur oder naturalisierte Logik? Bemerkungen zu Schellings Hegel-Kritik. In: Horstmann, R.-P., Petry, M.J. (eds.): Hegels Philosophie der Natur. Beziehungen zwischen empirischer und spekulativer Naturerkenntnis. Stuttgart 1986, 290-308

Hösle, V. (1987): Hegels System. Der Idealismus der Subjektivität und das Problem der Intersubjektivität. Band 1: Systementwicklung und Logik. Band 2: Philosophie der Natur und des Geistes. Hamburg 1988

Hösle, V. (1990): Die Krise der Gegenwart und die Verantwortung der Philosophie. München 1990

Kant, I.: Kritik der Urteilskraft (KU.). Vorländer, K. (ed.). Hamburg ^{6}1974

Kroner, R. (1961): Von Kant bis Hegel. Band 2. Von der Naturphilosophie zur Philosophie des Geistes. Tübingen ^{2}1961

Kuhlmann, W. (1981): Reflexive Letztbegründung. Zur These von der Unhintergehbarkeit der Argumentationssituation. In: Zeitschrift für Philosophische Forschung 35 (1981), 3-26

Mayr, E. (1988): Does Microevolution explain Macroevolution. In: Mayr, E.: Toward a new philosophy of biology. 402-422

Meyer, R.W. (1976): Natur in der Logik? In: Hegel-Jahrbuch 1976, 61-68

Mure, G.R.G. (1965): The Philosophy of Hegel. London, New York, Toronto 1965

Onnasch, E.-O. (1995): Das Wesen der Natur. Versuch einer Interpretation von Hegels Naturphilosophie und der Entäußerung der Idee zur Natur in bezug auf 'Phänomenologie' und 'Wesenslogik'. Manuskript des Vortrags in Aachen am 20.02.1995

Petry, M.J. (ed.) (1987): Hegel und die Naturwissenschaften. Stuttgart-Bad Cannstatt 1987

Rescher, N. (1973): The Coherence Theory of Truth. Oxford 1973

Volkmann-Schluck, K.-H. (1962): Die Entäußerung der Idee zur Natur. In: Gadamer, H.-G. (ed): Heidelberger Hegel-Tage 1962. Hegel-Studien Beiheft 1, ^{2}1984

Wandschneider, D./ Hösle, V. (1983): Die Entäußerung der Idee zur Natur und ihre zeitliche Entfaltung als Geist bei Hegel. In: Hegel-Studien 18 (1983), 173-201

Wandschneider, D. (1982): Raum, Zeit, Relativität. Grundbestimmungen der Physik in der Perspektive der Hegelschen Naturphilosophie. Frankfurt 1982

Wandscheider, D. (1985): Die Absolutheit des Logischen und das Sein der Natur. Systematische Überlegungen zum absolut-idealistischen Ansatz Hegels. In: Zeitschrift für Philosophische Forschung 39 (1985), 3-26

Wandschneider, D. (1987): Die Stellung der Natur im Gesamtentwurf der hegelschen Philosophie. In: Petry 1987, 33-58

Wandschneider, D. (1989): Der überzeitliche Grund der Natur. Kants Zeit-Antinomie in Hegelscher Perspektive. In: Prima philosophia 2 (1989), 381-390

Wandschneider, D. (1990): Das Problem der Entäußerung der Idee zur Natur bei Hegel. In: Hegel-Jahrbuch 1990, 25-33

Wandschneider, D. (1993): Das Antinomienproblem und seine pragmatische Dimension. In: Stackowiak, H. (ed.): Pragmatik. Handbuch pragmatischen Denkens. Band IV. Sprachphilosophie, Sprachpragmatik und formative Pragmatik. Hamburg 1993

Wandschneider, D. (1994): Letztbegründung und Logik. In: Klein, H.- D. (ed.): Letztbegründung als System. Bonn 1994, 84–103

Wandschneider, D. (1995): Grundzüge einer Theorie der Dialektik. Rekonstruktion und Revision dialektischer Kategorienentwicklung in Hegels „Wissenschaft der Logik". Stuttgart 1995

Webb, T.R. (1980): The problem of empirical knowledge in Hegel's philosophy of nature. In: Hegel-Studien 15 (1980)

Weiss, F.G. (ed.) (1974): Beyond Epistemology. New Studies in the Philosophy of Hegel. The Hague 1974

REIHE PHILOSOPHIE

Kim, Nam-Duh
Die Gerechtigkeit und das Gute in Platons „Politeia"
Band 2, 1994, 204 Seiten, ISBN 3-89085-029-4, 32,00 DM

Weber, Ludwig
Theologie als Meditation unter „Verwendung" des Heideggerschen Denkens
Mit einem Exkurs über das Sein bei Thomas und bei Heidegger
Band 4, 1985, 136 + VIII Seiten, ISBN 3-89085-048-0, 18,00 DM

Weber, Jörg
Finis Christianismi
Zur Theologie Franz Overbecks
Band 5, 1985, 69 + VIII Seiten, ISBN 3-89085-052-9, 18,00 DM

Gramm, Christoph
Zur Rechtsphilosophie Blochs
Band 8, 1987, 212 + IX Seiten, ISBN 3-89085-205-X, 39,00 DM

Martin, Werner
Bestimmung und Abgrenzung von Religion
Ein Beitrag zur Diskussion über das christliche Proprium in der Ethik unter besonderer Berücksichtigung der Philosophie Kants
Band 9, 1990, 310 Seiten, ISBN 3-89085-457-5, 58,00 DM

Hagen, Christine
Widerstand und ziviler Ungehorsam
Politische Philosophie und rechtliche Wertung
Band 10, 1990, 188 + IX Seiten, ISBN 3-89085-488-5, 44,00 DM

Cavana, Maria Luisa
Der Konflikt zwischen dem Begriff des Individuums und der Geschlechtertheorie bei Georg Simmel und José Ortega y Gasset
Band 11, 1991, 289 + XIV Seiten, ISBN 3-89085-594-6, 48,00 DM

Dähnhardt, Simon
Wahrheit und Satz an sich
Zum Verhältnis des Logischen zum Psychischen und Sprachlichen in Bernhard Bolzanos Wissenschaftslehre
Band 12, 1992, 118 Seiten, ISBN 3-89085-647-0, 28,00 DM

CENTAURUS VERLAG

REIHE PHILOSOPHIE

Korfmacher, Wolfgang
Ideen und Ideenerkenntnis in der ästhetischen Theorie Arthur Schoppenhauers
Band 13, 1992, 202 Seiten, ISBN 3-89085-690-X, 49,80 DM

Freimuth, Frank
Wie kultiviere ich die Freiheit bei dem Zwange?
Zum Bildungsverständnis Friedrich Albert Langes
Band 14, 1993, 176 Seiten, ISBN 3-89085-729-9, 58,00 DM

Ketelhodt, Friederike
Verantwortung für Natur und Nachkommen
Band 15, 1993, 214 Seiten, ISBN 3-89085-792-2, 48,00 DM

Geser, Susanne
Im Unterschied zur Gegenwart
Ein nachmethaphysischer Diskurs
Band 16, 1993, 213 Seiten, ISBN 3-89085-832-5, 58,00 DM

Stein, Christian A.
Regeln und Übereinstimmung
Zu einer Kontroverse in der neueren Wittgenstein-Forschung
Band 17, 1994, 170 Seiten, ISBN 3-89085-895-3, 39,80 DM

Weber, Ludwig
Heidegger und die Theologie
Band 19, 1997, 78 Seiten, ISBN 3-8255-0078-0, 38,00 DM

Haeffner, Friedemann
Vico und Bloch
Mythos Geschichte Utopie
Band 20, 1997, 170 Seiten, ISBN 3-8255-0082-9, 45,00 DM

Annerl, Felix
Ist die Welt rational beherrschbar?
Zur philosophischen Analyse des modernen Alltags
Band 21, 2000, ca. 200 Seiten, ISBN 3-8255-0177-9, ca. 50,00 DM

Mohr, Reinhard
Das System der Disponibilitätshierarchien
Band 22, 2000, 196 Seiten, ISBN 3-8255-0262-7, ca. 50,00 DM

CENTAURUS VERLAG

GPSR Compliance
The European Union's (EU) General Product Safety Regulation (GPSR) is a set of rules that requires consumer products to be safe and our obligations to ensure this.

If you have any concerns about our products, you can contact us on

ProductSafety@springernature.com

In case Publisher is established outside the EU, the EU authorized representative is:

Springer Nature Customer Service Center GmbH
Europaplatz 3
69115 Heidelberg, Germany

www.ingramcontent.com/pod-product-compliance
Lightning Source LLC
LaVergne TN
LVHW040742250326
834688LV00031B/401